Jürgen Holtkamp

Verblöden unsere Kinder?

Jürgen Holtkamp

Verblöden unsere Kinder?

Neue Medien als Herausforderung für Eltern

Butzon & Bercker

für Jana, Lea und Miriam

Bibliografische Information der Deutschen Nationalbibliothek

Die Deutsche Nationalbibliothek verzeichnet diese Publikation in der Deutschen Nationalbibliografie; detaillierte bibliografische Daten sind im Internet über http://dnb.d-nb.de abrufbar.

verlags gruppe engagement

Das Gesamtprogramm von Butzon & Bercker finden Sie im Internet unter www.bube.de

ISBN 978-3-7666-1286-1
E-BOOK ISBN 978-3-7666-4103-8
EPUB ISBN 978-3-7666-4104-5

Umschlagfoto: © Nicole Effinger – Fotolia.com
Umschlaggestaltung: Christoph Kemkes, Geldern
Satz: Schröder Media GbR, Dernbach

Inhalt

„Ach, da kommt der Meister! Herr, die Not ist groß.
Die ich rief die Geister, werd ich nun nicht los.
In die Ecke, Besen! Besen! Seid's gewesen.
Denn als Geister
Ruft euch nur, zu seinem Zwecke,
Erst hervor der alte Meister."

Der Zauberlehrling von
Johann Wolfgang von Goethe

Einleitung

Noch vor 25 Jahren, wenn – was selten der Fall war – im Unterricht ein Lehrfilm gezeigt wurde, war das für die meisten Schüler aufregend. Gemeinsam gingen sie in einen speziellen Vorführraum, in dem ein großer Filmprojektor stand, und unter der Anleitung des Lehrers durfte der Auserwählte den Film „einfädeln". Wie von Geisterhand zog der Projektor die Filmrolle automatisch über mehrere Spulen durch, bis die Filmrolle am anderen Ende des Projektors herauskam und vom Schüler in die leere Filmspule eingelegt werden konnte. Dann wurde das Licht ausgeschaltet, der Projektor lief los, der Ton war zwar meistens nicht so gut und doch war die „Kinoatmosphäre" spürbar.

Für die Medienkinder von heute gehören Filmrollen und Projektoren längst der Filmgeschichte an, sie kennen vielleicht noch die VHS-Kassette, auf jeden Fall DVD. Filme werden heute mit modernster Technik hoch auflösend und digital gedreht. Große TFT-Bildschirme und Beamer sind die neuen Fernseher. Das

„Heimkino“ ist in die deutschen Wohnzimmer eingezogen.

Der Buchtitel „Verblöden unsere Kinder?“ fordert Sie, liebe Leserinnen und Leser (nur um des besseren Leseflusses verwende ich im Folgenden nur die männliche Form), zu einer Antwort auf. Vielleicht revidieren diejenigen, die die Frage mit „Ja“ beantworten, ihre Meinung am Ende dieses Buches. Diejenigen, die spontan mit „Nein“ antworten, werden – so hoffe ich – zögerlicher.

Unsere Kinder mögen in technischer Hinsicht die neuen Medien „beherrschen“ und damit der Elterngeneration überlegen sein, doch genügt dies keineswegs; was sie benötigen, sind ethische und moralische Maßstäbe. Sie benötigen ein Wertesystem, das ihnen hilft, Gutes von Schlechtem und Nützliches von Schädlichem zu unterscheiden, und sie sind auf Menschen angewiesen, die ihnen Kompetenzen und Strategien vermitteln, wie sie sich in der Mediengesellschaft kompetent zurechtfinden.

Täuscht etwa der Eindruck, dass die „Mediengeister“ analog zu denen, die der Zauberlehrling (in Goethes Ballade) rief und nicht mehr bändigen konnte, sich heute selbstständig gemacht haben? Kennen wir überhaupt die notwendigen Zaubersprüche? Bei Goethe gibt es einen Zaubermeister (Hexenmeister), der die Geister in die Schranken weist. Doch: Wer ist der Zaubermeister im 21. Jahrhundert? Sind es die Eltern oder vielleicht die Lehrer? Angesichts der technischen Kompetenzen heutiger Jugendlicher könnten dabei durchaus Zweifel angebracht sein. Oder zähmen etwa unsere Kinder schneller und effektiver die „Mediengeister“?

Wenn dem so ist, dann gibt es eine Umkehrung der Verhältnisse zwischen den Generationen. Die „Jungen“ sind die Experten und die „Alten“ die Lehrlinge! Ganz so abwegig ist der Gedanke nicht, immerhin können viele Kinder und Jugendliche schneller und effektiver mit dem Handy umgehen als ihre Eltern, kennen viel mehr Tricks am Computer und sind wahre Cracks im Internet.

Fragt sich nur, ob sie die Mediengeister, die – einmal gerufen – sich nun immer rascher verselbstständigen, in die Schranken weisen können. Zweifel sind angebracht, denn unsere Mediengesellschaft ist nicht nur viel komplexer, um mit einem Zauberspruch alles wieder ins Lot bringen zu können, sondern Kinder wie Jugendliche stehen oftmals hilflos vor den Mediengeistern.

Oder zähmen etwa Kindergarten, Schule und Politik die Mediengeister? Zu klären wäre, ob diese Institutionen über den notwendigen Überblick, die Kompetenzen, das Know-how und die richtigen „Zaubersprüche" verfügen, um alles wieder geradebiegen zu können. Denkbar wäre ebenfalls, dass es gar keinen „Zaubermeister" gibt. Diese Vorstellung wäre nicht nur ausgesprochen pessimistisch, sondern würde uns vor Augen halten, was in unzähligen Science-Fiction-Filmen gezeigt wurde: Medien regieren die Welt, Roboter beherrschen die Menschheit, Technik macht uns zu Sklaven.

So wie der Zauberlehrling fühlen sich viele: Grundschullehrerinnen, die am Montagmorgen die Horrorfilme von ihren Viertklässlern erzählt bekommen, die diese am Wochenende (im Fernsehen) gesehen haben. Eltern, die keine Zeit für ihre Kinder haben und ihre Kinder stundenlang vor dem Babysitter „Fernsehen" parken. Jugendliche, die nach immer neuen Gewaltexzessen in Onlinespielen suchen und nur noch in der virtuellen Welt leben. Junge Frauen und Männer, die sich Tag und Nacht in Onlineforen verlieren, um ihre Sehnsüchte und Ängste erzählen zu können, nur: Eine

Besserung ist nicht in Sicht. Nicht zu vergessen, extremistische Organisationen, die im Zeitalter des Internets mit aller Macht ihre rassistischen und ideologischen Pamphlete veröffentlichen und junge Menschen anlocken.

Es gibt sie, die hässliche Seite der Medien, in der das Individuum nichts und die Quote alles ist, in der „Deutschland sucht den Superstar" zum Inbegriff der Fernsehkultur wird, in der die Grenze zur Pornografie immer weiter ausgedehnt wird und sich kaum jemand wundert, wenn zur Primetime um 20.15 Uhr mehrere Krimis, Liebes- und Actionfilme auf den Kanälen gleichzeitig zu sehen sind, Gewalt und nackte Haut inklusive.

Vor diesem Hintergrund sind die Stimmen, die sagen, „Medien schaden der abendländischen Kultur mehr, als dass sie ihr nützen", ernst zu nehmen. Anscheinend bewertet jedoch nur ein (kleiner) Teil der Gesellschaft diese Phänomene als Problem: Viele Zeitgenossen nehmen die Medien als gegeben, zappen sich unreflektiert durch die Fernsehprogramme oder surfen ohne Sinn und Verstand im Internet. Eine kritische Medienrezeption sieht anders aus! Vielleicht sind deshalb die Erwartungen an die Pädagogik (respektive Medienpädagogik) von Politikern, Eltern, Wissenschaftlern und den Kirchen hoch. Müsste die Pädagogik diese Fragen nicht aufnehmen, analysieren, Konzepte entwickeln und Perspektiven für den verantwortungsvollen Umgang mit Medien aufzeigen? Meistens werden Pädagogen oder Psychologen jedoch erst dann gehört, wenn das „Kind" sprichwörtlich in den Brunnen gefallen ist.

Wenn ein Jugendlicher ein Attentat – wie jüngst in Winnenden – in einer Schule verübt hat oder durch Bombendrohungen im Internet aufgefallen ist, wird gefragt: Wie konnte so etwas passieren? Warum hat niemand im Vorfeld etwas bemerkt? Wer hat versagt? Wo ist der Zaubermeister?

Aber gibt es nicht auch die andere Seite? Wenn ein Fünftel der Weltbevölkerung das Internet nutzen, geschätzte 1,3 Milliarden Menschen, mehr als 42 Millionen davon in Deutschland, dann ist die Globalisierung der Kommunikation in vollem Gange. Ist es da nicht fast folgerichtig, wenn Computerkenntnisse neben Lesen, Schreiben und Rechnen als vierte Kulturtechnik gesehen werden? Immerhin spielt der Computer eine bedeutende Rolle im Leben der Menschen, wirkt in fast alle Bereiche des sozialen Daseins, die Arbeitswelt, den Konsum, das Familienleben und die Kindererziehung hinein. Manche beklagen, ständig online und rund um die Uhr erreichbar zu sein, entfremde den Menschen von sich. Allerdings bietet das Internet Wirtschaftswachstum und Karrierechancen, dient als kommunikative Drehscheibe, auf der es alles gibt und die alles bietet, die besten Kochrezepte und Reiseangebote, den aktuellen Blockbuster, den preisgünstigen Fernseher, die neuesten Informationen und gigantische Zugriffsmöglichkeiten auf Wissensbestände, nicht zu vergessen die vielen Kontaktmöglichkeiten. All das klingt verlockend und fasziniert nicht nur Kinder und Jugendliche. Im Grunde geht es um folgende Fragen: Sind Fernsehen, Computer, Internet und Handy wirklich zum Vorteil des Menschen (der Kinder) und welchen Preis haben wir dafür zu zahlen? Wie verändern Medien unsere Kultur, die Gesellschaft und die Familien? Und: Wie gelingt es uns, die „Mediengeister" unter Kontrolle zu halten?

Der amerikanische Medienwissenschaftler und Medienkritiker Neil Postman mahnte bereits in den 80er-Jahren an, dass wir Menschen uns für neue (technische)

Möglichkeiten entscheiden und nicht daran denken, welche psychischen und kulturellen Verluste in der Zukunft damit einhergehen.

Die einen sehen einen Gewinn an Freiheit, während die andern den Verfall von Kultur befürchten bzw. diesen schon eingetreten sehen.

Was wir feststellen können: Die digitalen Medien sind „Miterzieher"! Neben Familie, Freundeskreis, Kindergarten und Schule beeinflussen sie die Wertvorstellungen und Verhaltensweisen der Heranwachsenden. Kindheit und Medien sind eng miteinander verwoben.

Die Frage, wer instrumentalisiert eigentlich wen?, bedarf daher einer dringenden Klärung.

Für nicht wenige Eltern sind Fernsehen, Handy und Internet die „Bösen", denen ihre Kinder schutzlos ausgeliefert sind. Nun sind die Eltern aber keine in sich homogene Masse, auch sie nutzen Medien sehr verschieden und leben in unterschiedlichen Medienwelten. So wenig wie es „die Medien" gibt, genauso wenig gibt es „die Kinder" und „die Eltern". Und was für die einen passend und gut ist, ist für die anderen zu viel und schädlich.

Wie Kinder und Jugendliche aufwachsen, wie sie mit Medien umgehen, welche sie bevorzugen, wie ihre Medienausstattung ist, versuche ich im ersten Teil zu klären.

Wenn Kinder und Jugendliche täglich mit Medien umgehen, wie steht es dann mit den Medienwirkungen und wie verarbeiten Kinder die Bilder eigentlich? Diese Fragen werden im zweiten Teil diskutiert.

Telefonieren, kurze Nachrichten schreiben oder Videos aufnehmen, Handys sind Multimediawerkzeuge mit vielen verschiedenen Funktionen und Anwendungen. Doch auch die schöne Welt der Handys bekommt zunehmend Risse, wenn von Menschen Videos aufgenommen werden, die sie in peinlichen Situationen zeigen und diese ohne deren Zustimmung ins Internet gestellt werden. Das sind einige der Themen, die im dritten Teil besprochen werden.

Computer können zum Spielen oder Arbeiten eingesetzt werden. Während viele Eltern zumindest die Nutzung des Computers als Arbeitsinstrument einigermaßen überschauen können, herrscht im Bereich der Spiele und des Internets häufig große Ratlosigkeit und Unkenntnis, fehlt nicht nur den Eltern, sondern auch Lehrern und Pädagogen das notwendige Know-how. Dies ist Thema des vierten Teils.

Welche Auswirkungen haben die Anwendungen des Webs 2.0 auf unsere Kinder? Ist das alles nur eine Marketingstrategie, die mehr verspricht, als sie hält, oder sieht so die glorreiche Zukunft des Internets aus? Inwieweit die neuen Kommunikationsangebote, die uns das Web 2.0 bietet, mehr Schein als Sein sind und wie wir diese sinnvoll nutzen können, werde ich im fünften Teil darstellen.

Bei Jugendlichen sind Computerspiele und Musikdownloads besonders beliebt. Was einerseits viel Spaß bereitet, wird zum Problem, wenn Musik illegal heruntergeladen und das Urheberrecht verletzt wird. Häufig gehen Kinder und Jugendliche zu sorglos mit dem Medium Internet um, geben persönliche Daten – etwa beim Chatten oder in Foren – preis. Im Internet gibt es viele Seiten mit rassistischen oder pornografischen sowie gewaltverherrlichenden Inhalten. Kindern und Jugendlichen fehlt nicht selten der „kritische Blick". Die „hässliche" Seite des Internets thematisiere ich im sechsten Teil.

Ich gehöre nicht zu den Kulturpessimisten, die in der Mediennutzung primär die negativen Gefahren sehen. Verbote und Filtersoftware sind für mich nicht die Instrumente für eine erfolgreiche Medienerziehung von Kindern und Jugendlichen. Vielmehr plädiere ich für einen offenen und aufgeklärten Umgang mit den Neuen Medien. Kinder und Jugendliche müssen über die bestehenden Gefahren aufgeklärt werden, ihre berechtigen Fragen müssen beantwortet werden und sie sollten zu einem sicherheitsbewussten Verhalten motiviert werden. Diese medienpädagogischen Herausforderungen stelle ich im siebten Teil dar.

Ich möchte an dieser Stelle einigen Personen herzlich danken. Robert Henn, meinem Studienkollegen und lieben Freund, danke ich für Durchsicht, Korrektur und wichtige inhaltliche Hinweise. Meine Tochter Jana Holtkamp hat mich auf manche Ungereimtheiten hingewiesen. Meinen Töchtern Lea und Miriam habe ich – ohne dass sie es immer wahrgenommen haben – über die „Schulter“ geschaut und damit einiges über praktische Mediennutzung erfahren. Monika Holtkamp hat mir nicht nur den notwendigen zeitlichen Freiraum gewährt, der für ein solches Projekt zwingend notwendig ist, sondern das Manuskript korrigiert und mir in vielen Gesprächen Impulse und Anregungen gegeben. Dem Verlag Butzon und Bercker danke ich für die freundliche Unterstützung und Realisierung.

Jürgen Holtkamp

1. Kinder und Jugendliche in der Mediengesellschaft

Es waren Kinder und Jugendliche, die dafür sorgten, dass die Computer in die Privathaushalte kamen. Ende der 1970er-Jahre kamen die ersten Spielkonsolen auf den Markt, mit denen am Fernseher gespielt werden konnte. Weil die Spiele einfach aufgebaut, leicht zu bedienen und zu steuern waren, fanden sie reißenden Absatz. Ein Grund, diese Konsolen zu kaufen war, dass man erstmals nicht mehr passiv vor dem Fernseher saß, sondern aktiv in das Spielgeschehen eingreifen konnte. Die Spiele selbst waren kinderleicht, auch der Anschluss an den Fernseher einfach, und weil dieser bereits Bestandteil der „Wohnzimmerkultur" war, konnten Kinder und Jugendliche dieses neue Medium intensiv ausprobieren.

Es war daher folgerichtig, dass die ersten Spielcomputer für ein jugendliches Publikum entwickelt wurden. Mehr als 20 Jahre sind seitdem vergangen und die Medienentwicklung hat viele neue Gerätetypen hervorgebracht, die den Familienalltag beeinflussen. Kinder wachsen mit verschiedenen Medien auf, ihre Biografie ist geprägt durch vielseitige Medienerfahrungen, angefangen vom Bilderbuch im Kindergarten, den Kindersendungen im Fernsehen bis zu Computer, Internet und Handy. Die Medien sind Massenprodukte, zu denen immer mehr Kinder Zugang haben. Kinder sind neugierig, erleben, wie ihre Eltern spannende Fernsehsendungen sehen, am Computer arbeiten, und weil ihre Eltern die ersten Vorbilder sind, möchten sie ihnen nacheifern.

„Medienkids“

Wie unterschiedlich Kinder im 21. Jahrhundert aufwachsen und wie verschieden sie Medien nutzen, zeigen die beiden folgenden fiktiven Medienbiografien.

Anna ist 14 Jahre alt und geht in die 8. Klasse. Sie besitzt einen eigenen Computer mit Internetanschluss, hört ihre Lieblingsmusik vom MP3-Player, der ihr täglicher Begleiter ist. Kommt Anna von der Schule, schaltet sie den Computer an und fährt ihn erst kurz vor dem Schlafen wieder herunter. Wie viele ihrer Freundinnen ist sie dauerhaft online, zu ihren Lieblingsseiten im Internet gehört „SchülerVZ“. Vokabeln lernt sie mit Hilfe eines Lernprogramms, im Internet recherchiert sie mit Hilfe von Google, ihre Hausaufgaben in Deutsch oder Geschichte schreibt sie mit einer Textverarbeitungs-Software. Für Erdkunde bedient sie sich des Programms „Google-Earth“. Die regelmäßig besuchten Lieblingswebseiten hat Anna als Favoriten in ihrem Browser gespeichert. Unterwegs ist Anna über das eigene Handy nicht nur ständig erreichbar, sie verschickt auch viele SMS an ihre Freunde. Gibt es technische Probleme mit dem Computer, fragt sie entweder ihre Schulkameraden oder die Eltern. Anna spielt gerne Simulationen am Computer, schaut amerikanische Serien im Fernsehen, angefangen bei „Desperate Housewives“ über „Gilmore Girls“ bis zu „Navy CIS“, aber auch Arztserien wie „Dr. House“ findet sie klasse.

Die Eltern verfügen über eine akademische Ausbildung und unterstützen die Tochter, wo sie können.

Die Einstellung der Eltern zu den Medien ist grundsätzlich positiv, sie achten allerdings auch darauf, dass der Medienkonsum nicht zu Lasten der schulischen Leistungen geht. Die Familie unternimmt gemeinsame Ausflüge und Urlaube, in denen Kultur und Bildung wichtig sind.

Die regelmäßige Lektüre von Zeitung und Büchern gehört nicht nur zum Alltag der Eltern, auch Anna liest viel und gern. Regelmäßig geht sie zur Bücherei, um sich neuen Lesestoff und andere Medien, wie Hörbücher oder DVDs, auszuleihen.

Anna nutzt Medien aktiv, lässt sich von ihnen inspirieren, sie lebt in einem sozialen Klima, in dem Bildung und Wissenserwerb wichtig sind und irgendwie zum täglichen Leben dazugehören. Auch wenn der Computer ihr täglicher Wegbegleiter ist, sind ihr Freunde und soziale Kontakte wichtiger als jedes Computerspiel. Daher lässt sie es sich in ihrem straffen Schulalltag nicht nehmen, AGs in der Schule zu besuchen und der Jugendgruppe der Gemeinde anzugehören. Auch die wöchentliche Klavierstunde bringt sie in ihrer Woche unter.

Der Alltag von *Thomas* sieht sehr anders aus. Er geht ebenfalls in die 8. Klasse und lebt mit Mutter und Schwester in einer kleinen Wohnung. Die Mutter arbeitet ganztags, die finanziellen Verhältnisse, in denen Thomas aufwächst, sind schwierig. Wenn Thomas von der Schule nach Hause kommt, schaltet er den Fernseher ein und zappt sich durch die Programme, seine Hausaufgaben macht er vor dem „Flimmerkasten" nebenbei. Er schaut gerne Actionserien, die auf den privaten Sendern laufen. Der Fernseher ist ständiger Begleiter in seinem Alltag. Gerne spielt er Playstation. Wenn die Mutter abends von der Arbeit zurück ist, muss sie den Haushalt organisieren und ist danach erschöpft von ihrem anstrengenden Arbeitstag.

Thomas hat einen Computer, auf dem er am liebsten Actionspiele mit seinem Freund spielt. Er hat auch schon diverse „verbotene“ Spiele ausprobiert. Bücher liest er nicht und den Gang in die Bücherei spart er sich ebenfalls, da es dort die Computerspiele, die ihn faszinieren, nicht gibt. Die Schule mag Thomas nicht, es fällt ihm schwer, die Inhalte zu verstehen, und da seine Mutter ihm in vielen Fällen auch nicht weiterhelfen kann, sind die Noten gerade so ausreichend.

Die Beispiele „Anna und Thomas“ zeigen: Die Medienwelten, in denen beide groß werden, sind ziemlich unterschiedlich und die Bildungschancen der beiden Kinder ungleich.

Dazu, wie Menschen leben, wie sie ihre Freizeit gestalten, welche Wertmaßstäbe sie ihren Handlungen zugrunde legen, gibt es eine Reihe von Untersuchungen. Zu den bekanntesten gehört das Modell der Sinus-Milieus (www.sinus-sociovision.de), das zehn Milieus benennt. Darin werden Menschen zusammengefasst, die sich in Lebensauffassung und Lebensweise ähneln. Es sind Gruppen von „Gleichgesinnten“ in der Grundorientierung. In einem Raster lassen sich die Milieus nach der sozialen Lage (Einkommen, Bildung und Beruf) und nach der Grundorientierung von traditionell bis postmodern einteilen. Die Grundorientierung wird in drei Bereiche unterteilt, den traditionellen Werten, der Modernisierung und der Neuorientierung. Zum besseren Verständnis stelle ich die Milieus kurz dar.

Konservative: Etwa 5 Prozent der Bevölkerung gehören zu diesem Milieu, das dem deutschen Bildungsbürgertum zugeordnet wird, und Dreiviertel der Milieuangehörigen sind über 50 Jahre alt. Humanistische Bildung, Pflichterfüllung und das Pflegen der Traditionen sind die Merkmale der Konservativen. Sie kritisieren den Verfall von Sitte und Anstand und legen großen Wert auf die Familie. Sie sind bzw. waren beruflich erfolgreich, verfügen teilweise über ein großes Vermögen, schätzen die Oper, das Theater und genießen ihre Freizeit bzw. den Lebensabend.

Traditionsverwurzelte: Mit 14 Prozent die zweitgrößte Gruppe. Sie zählen zur Kriegs- bzw. Nachkriegsgeneration, in der Pflichterfüllung, Disziplin und Bescheidenheit wichtige Werte der Gesellschaft sind. Ein Großteil dieser Personen sind Rentner (Altersdurchschnitt 70 Jahre), die aus einer „kleinbürgerlichen Welt" (Arbeiter, kleine Angestellte, Bauern) stammen. Nachbarschaftspflege und Traditionen sind ihnen sehr wichtig. Sie haben immer gespart, sind für sich selbst anspruchslos, unterstützen ihre Kinder und Enkelkinder aber sehr.

DDR-Nostalgische: Sie sind resigniert, gehören zu den Verlieren der deutsch-deutschen Vereinigung, halten an preußischen Tugenden fest und an altsozialistischen Vorstellungen, die alte DDR-Zeit wird von ihnen verklärt. Zu Zeiten des SED-Staates waren sie in den Führungskadern. Heute sind sie entweder arbeitslos oder üben einfache Berufe aus. Sie sind sparsam und kritisieren den westlichen Kapitalismus.

Etablierte: Sie haben hohe Ansprüche an das Leben, sehen sich als gesellschaftliche Elite, sind überaus selbstbewusst, gebildet und grenzen sich von anderen Milieus bewusst ab. Sie machen Karriere, übernehmen Führungsverantwortung.

Sie mögen Kunst und Kultur, exklusive Reisen und sind überaus aufgeschlossen gegenüber technischen Innovationen. Das Einkommen ist entsprechend ihrer Ausbildung teilweise sehr hoch.

Bürgerliche Mitte: Mit 15 Prozent stellt die bürgerliche Mitte das größte Milieu dar. Der Name ist Programm: Personen dieses Milieus leben den „Mainstream", möchten sich beruflich und sozial etablieren und verfügen über einen ausgeprägten Hang zu harmonischen Verhältnissen. Neu hinzugekommen ist in diesem Milieu die Abstiegsangst, den erreichten finanziellen und sozialen Status nicht halten zu können. Sie möchten ein angenehmes und komfortables Leben führen. Sport, Vereine und Beschäftigung mit den Kindern sind ihre Merkmale. Sie haben mittlere Bildungsabschlüsse und ein durchschnittliches Einkommen.

Konsummaterialisten: Es handelt sich dabei um die konsumorientierte Unterschicht. Die finanziellen Mittel sind sehr beschränkt, viele Angehörige dieses Milieus leben fast ausschließlich gegenwartsorientiert. Sie fühlen sich als benachteiligte Gruppe und ihre Wünsche stehen in einem eklatanten Gegensatz zu ihren finanziellen Möglichkeiten. Fehlende Schul- und Ausbildungsabschlüsse sowie ein hoher Anteil von Arbeitslosen kennzeichnen die soziale Lage dieses Milieus. Fernsehen, Unterhaltung und Spaß gehören zu den wichtigsten Freizeitinteressen.

Postmaterielle: Sie sind sehr gut gebildet, ihre Grundhaltung ist tolerant und liberal.

Dieses Milieu denkt in globalen Zusammenhängen, setzt sich kritisch mit der Globalisierung auseinander, engagiert sich für erneuerbare Energien und ist politisch. Sie sind erfolgreich im Beruf, legen Wert auf individuelle Freiräume. Weiterbildung sehen sie als lebensbegleitende Herausforderung. An Kunst und Kultur sind sie sehr interessiert. Auf Grund ihrer hohen Bildungsabschlüsse verfügen sie über ein hohes Einkommen, kaufen selektiv und umweltbewusst.

Moderne Performer: Sie sind eine junge Elite, die ein intensives Leben mit vielen Optionen führt, mit dem Ziel, ihre eigenen Leistungsgrenzen zu erfahren. Multimedia ist ihre Lebensphilosophie. Sie sind selbstständig und wollen materiellen Erfolg. Kommunikationstechnologien sind integraler Teil ihres Lebens. Ihr Konsumverhalten ist multikulturell, sie legen Wert auf das „Besondere“. Der Altersdurchschnitt liegt unter 30 Jahre, verbunden mit einem sehr hohen Bildungsniveau.

Experimentalisten: Der Name ist Programm; sie experimentieren mit Lebensstilen, Szenen und Kulturen, der Altersdurchschnitt ist unter 30 Jahre. Zwänge lehnen sie ab und werden daher auch als „Lifestyle-Avantgarde“ bezeichnet. Ihnen sind beruflicher Erfolg und sozialer Status weniger wichtig. Sie nutzen Multimedia intensiv, spielen Video- und Computerspiele, engagieren sich aber auch sozial. Kommunikation und Unterhaltung sind ihre Triebfedern, sie sind ständig unterwegs, um etwas Interessantes zu entdecken. Sie haben gehobene Bildungsabschlüsse, ein durchschnittliches Einkommen und geben das Geld für Ungewöhnliches (z. B. Extremsportarten) aus.

Hedonisten: Sie sind die junge spaßorientierte Unterschicht. Fun und Action sind die treibenden Kräfte dieses Milieus. Auffallend ist, dass ihre Alltagsrealität in krassem Widerspruch zu ihrem Lebensstil steht, sie sind nicht selten aggressiv. Für Fernsehen, Computerspiele, Fußball sowie Kneipenbesuche interessieren sie sich besonders. Weil sie gerne und viel konsumieren, steht bei ihnen die Multimedia-Ausstattung ganz weit oben auf der Einkaufsliste. Sie verfügen über einfache bis mittlere Bildungsabschlüsse, nicht selten sind sie ohne abgeschlossene Berufsausbildung.

Die Sinus-Milieus sind ein Erklärungsansatz für gesellschaftliche Entwicklungen und stellen eine Momentaufnahme der Gesellschaft dar, ohne den Anspruch zu erheben, wie die Gesellschaft sein sollte. Damit können gesellschaftliche Veränderungen besser eingeordnet und gedeutet werden. Sie zeigen, in welchen finanziellen Verhältnissen die Menschen leben, an welchen Werten sich die Menschen orientieren und welche Medien sie nutzen.

Anna und Thomas wachsen in verschiedenen Milieus auf. Anna dürfte in einem postmateriellen Milieu oder der bürgerlichen Mitte groß werden, während Thomas in einem konsumorientierten Milieu lebt. Anna nutzt Medien aktiv für die eigene Bildung, wie sie es von ihren Eltern vorgelebt bekommt, derweil hinkt Thomas fast hoffnungslos hinterher, nutzt Computer und Fernsehen fast nur zum Spielen.

Aufwachsen in der Mediengesellschaft

Globalisierung, Mobilität, Arbeitslosigkeit, gesellschaftlicher Wandel oder Enttraditionalisierung und Individualisierung sind Ausprägungen hoch entwickelter Gesellschaften, die massiv in die Familien hineinwirken und diese unter einen enormen Anpassungsdruck setzen. Familienleben ist heute völlig anders, offener gegenüber der Umwelt, die Familienbande werden lockerer und die Familie verliert ihre Exklusivität. Die Medien- und Erlebnisgesellschaft hat die Familien erreicht. Auch in ländlichen Regionen sind durch Satellitenschüsseln Fernsehserien wie „Gute Zeiten, schlechte Zeiten" ebenso bekannt wie in städtischen Gebieten. Die ehemalige Unterscheidung zwischen Stadt und Land lässt sich so nicht mehr aufrechterhalten.

Ist es da verwunderlich, wenn der Einfluss der Medien auf die Sozialisation von Kindern und Jugendlichen zunimmt? Gleichsam stellt sich nicht nur bei den Eltern ein beklemmendes Gefühl ein, wenn Medien (zu) intensiv genutzt werden.

Führen die vielen Gewaltdarstellungen, denen Kinder und Jugendliche ausgesetzt sind, nicht zu einer

Desensibilisierung? Gibt es nicht doch einen Zusammenhang zwischen den Gewaltsendungen in Film, Fernsehen und Internet und den täglichen Gewaltdelikten auf Deutschlands Schulhöfen? Täuscht etwa der Eindruck, dass Computerspielen und Internet ein hohes Suchtpotential innewohnt? Die Liste der offenen Fragen angesichts einer Medienwirklichkeit, die alle Kinder und Jugendlichen erreicht, und zwar überall in Deutschland, ist noch längst nicht beendet und zeigt, wie nah Segen und Fluch der Medien in der Kindererziehung beieinanderliegen können.

Es gibt Eltern, die deshalb versuchen, ihre Kinder in einer „medienfreien Zone" aufwachsen zu lassen, weil sie den Einfluss der Medien auf ihre Kinder als schädlich ansehen. Das Problem dabei ist, dass dies in der Mediengesellschaft schlichtweg unmöglich ist. Selbst wenn Eltern Radio, Fernsehen, Computer und Handy aus dem privaten Umfeld verbannen, so sind diese in anderen Bezügen, bei Freunden, Nachbarn und in der Schule, vorhanden, werden gehört, gesehen und benutzt.

Für Professor Bernd Schorb müssen Medien als ein „Faktor im Sozialisationsprozess" angesehen werden. Damit meint er, dass durch die „Interaktion" mit Medien Werte, Normen und das Verhalten von Kindern verändert werden können. Kinder erfahren etwas über die Welt, ohne je an diesem Ort gewesen zu sein. Dokumentationen über das Leben in der Sahara, das Abschmelzen des ewigen Eises oder die Artenvielfalt des Amazonas führen dazu, dass Menschen etwas über ferne Welten und Orte erfahren. Das „Gesehene und Gehörte" muss verarbeitet, in einen Zusammenhang zum eigenen Leben gebracht und „kontextualisiert" werden. Allerdings sollte dabei nicht vergessen werden, dass die „Prägekraft" für die Erfahrung längst nicht so hoch ist wie eine Lebenswelt, die mit allen Sinnen erfahren werden kann. Wir können weder die Kälte des Eises noch die Hitze der Sahara fühlen und die verschiedenen Pflanzen nicht anfassen oder riechen. Mediale Erfahrungen können nie „primäre" Erfahrungen werden, was Eltern und Pädagogen dazu verleitet, mediale Erfahrungen als „minderwertig" zu bezeichnen. Natürlich haben diese medialen Erfahrungen auch ihre Vorteile, denn nicht jeder möchte die Hitze der Sahara oder die Kälte des ewigen Eises spüren. Und die meisten schauen sich Krokodile, Schlangen und Spinnen lieber im Fernsehen als in der Natur an.

Mediale Erfahrungen sind immer selektiv, weil sie von Menschen erzeugt werden. So sind Fernsehbilder Momentaufnahmen. Redakteure schneiden Bilder, Musik und Töne nach eigenen Kriterien, betonen bestimmte Inhalte, erzeugen Stimmungen und ziehen eigene Schlussfolgerungen, um bei den Fernsehzuschauern beispielsweise Betroffenheit auszulösen oder zu Aktionen aufzurufen. Objektive Fernsehberichterstattung gibt es im eigentlichen Sinne nicht, auch wenn Journalisten immer danach streben sollten, so objektiv wie möglich zu berichten und eigene Bewertungen eindeutig zu kennzeichnen.

Die Amokläufe von Robert S. am 26. April 2002 in Erfurt, von Sebastian B. am 20. November 2006 in Emsdetten und von Tim K. im März 2009 führten zu einer Diskussion über die Wirkung der neuen Medien auf Kinder und Jugendliche. Immer war der „Schuldige" schnell gefunden: Es waren die Computerspiele, die Jugendliche zum Töten animierten.

Die Argumentation ist einfach und daher populär und weit verbreitet, zudem klingt sie in den meisten Ohren schlüssig. Dass eine solche Argumentation es sich zu leicht macht und der wissenschaftlichen Diskussion nicht entspricht, ist dann nicht mehr wichtig, denn das Problem ist doch – zumindest auf den ersten Blick – gelöst: Schuldig an zunehmender Gewaltbereitschaft von Jugendlichen seien Computerspiele, die Actionfilme, das Internet – die Medien. Auch Pädagogen verschließen sich nicht dieser Argumentation. Ist es nicht so, dass bei dieser Art von Computerspielen doch was hängen bleiben muss? Wer solche Spiele konsumiert, bei dem muss doch etwas nicht in Ordnung sein …

Das stimmt übrigens, bei den Tätern war in der Tat etwas nicht in Ordnung. Der ausschließliche Verweis auf die Computerspiele ist aber falsch und geht weit hinter den Stand der Verhaltensforschung zurück.

„Welches sind die Motive der Täter?“ und „Wie konnte es zu dieser Katastrophe kommen?“ sind Fragen, die geklärt werden müssen. Notwendig ist die genaue Betrachtung des einzelnen Falles. Gespräche mit Eltern, Verwandten, Lehrern und Mitschülern sowie Internetbekanntschaften ergeben annähernd ein Profil vom Charakter der Person, ihren Sorgen, Nöten, Problemen und Ängsten. Das aber ist in der schnelllebigen Mediengesellschaft und dem „Bildzeitungsjournalismus“ uninteressant. Da ist die Bildüberschrift „Am Computer übten sie das Töten“ (http://www.bildblog.de/tag/Computerspiele) doch mediengerechter.

„Was macht Sozialisation aus?“ und „Wie vollzieht sich Sozialisation?“ sind Fragen, die für das Verständnis des Aufwachsens von Kindern in einer durch Medien geprägten Welt maßgeblich sind. Sind unsere Kinder der Medien-Sozialisation nun hilflos ausgeliefert? Und wenn nicht, wie und welche „Selbstheilungskräfte“ verbergen sich in den Kindern?

Dass es einen sozialen Wandel in den vergangenen 40 Jahren gab, der einschneidend alle Lebensbereiche erfasst und verändert hat, ist offensichtlich. Ulrich

Beck hat diesen Wandel in seinem Buch „Risikogesellschaft“ mit Individualisierung und Enttraditionalisierung beschrieben. Er meint damit, dass die traditionellen Formen von Orientierung und Bindung nachlassen, Normen und Werte sich verändern und auf die Sozialisationsinstanzen Familie, Schule, Nachbarschaft auswirken. Auf der einen Seite, so Beck, eröffnen sich für das Individuum neue Möglichkeiten und Perspektiven, es kann selbst (individuell) entscheiden, was und wann es etwas macht, wo es sich engagiert, wie es sein Leben führen möchte. Andererseits hat diese „neue Freiheit“ auch ihren Preis, weil es den geschützten Raum der Familie verlässt, Sicherheiten verliert, sich entscheiden und wählen muss, wie es das Leben gestaltet.

Der Begriff der „Selbstsozialisation“ bringt es auf den Punkt, allerdings zeigt sich auch, dass nicht alle Heranwachsenden in gleicher Weise über diese Form der Selbstsozialisation verfügen, nicht alle sich selbst steuern können und z. T. die neu gewonnene Freiheit ihnen mehr Probleme bereitet als Vorteile bietet. Sie sind überfordert und es gelingt ihnen nicht, mit der gewonnenen Freiheit verantwortungsvoll umzugehen. Für Kinder der Mediengesellschaft hat dies gravierende Folgen: Die Kindheit ist kein geschützter Raum, wie manche glauben, und die Anpassungsfähigkeit von Kindern wird nicht selten überstrapaziert.

Die Wohnsituation vieler Heranwachsender ist beengt, es gibt zu wenig geeignete Spielplätze, sie haben zu wenig Bewegung und ihre Ernährung ist nicht ausgewogen. Aufgrund der Berufstätigkeit der Eltern und die fehlende Betreuung sind sie nicht selten bis abends sich selbst überlassen, eine mögliche Betreuung durch die Großeltern ist durch weite räumliche Entfernungen nicht möglich. Das alles sind Faktoren, die sich negativ auf die Sozialisation der Kinder auswirken können.

Gleichzeitig verfügen Kinder und Jugendliche über hohe materielle Ressourcen, sind längst im Blickpunkt der Werbung als wichtige Zielgruppe erkannt, werden mit Kaufanreizen auf allen Sendern, im Radio und Internet überschüttet. Die Shell-Studie beschreibt die heutige Jugend als „Generation unter Druck“ (vgl. Shell-Studie, 2006). Die eigene Identität muss individuell ausgestaltet, der Alltag nicht gelebt, sondern „inszeniert“ werden, selbst der Geburtstag wird hier zum „Event“. Die Normalbiografie wird zur Bastelbiografie als quasi lebenslanger Prozess.

Eine Lebensplanung mit Ausbildung/Studium, sicherem Arbeitsplatz und der Familiengründung wird unter diesen Vorzeichen immer unwahrscheinlicher, die Realität sind mehrere Berufswechsel und Umzüge, die Karriere verläuft in Wellen, Arbeitslosigkeit trifft auch Hochqualifizierte und die Familienphase beginnt – wenn überhaupt – nach dem dreißigsten Lebensjahr.

Der „flexible Mensch“ stellt das neue Leitbild dar, so der amerikanische Soziologe Richard Sennet. Im flexiblen Kapitalismus sind nur anpassungsfähige und reaktionsschnelle Menschen erfolgreich. Diese Form des neo-liberalen Kapitalismus bringt massive Nachteile für alle, die sich nicht so schnell wandeln können, und verstärkt die bereits bestehenden Ungleichheiten in der Gesellschaft.

Schon heute sind die Folgen für die Gesellschaft nicht nur für alle Menschen sichtbar, sondern führen bei den Heranwachsenden zu Verunsicherungen. Sie stehen unter Druck, den ständig wechselnden Bildungsanforderungen gerecht werden zu müssen, die von Staat und Wirtschaft gesetzt werden und sich bereits in den Sozialisationsinstanzen Kindergarten und Schule massiv auswirken. Die Einführung einer Fremdsprache in der Grundschule, die Verkürzung der Gymnasialzeit auf 8 Jahre und die Umstellung der Studiengänge auf Bachelor/Master-Abschlüsse sind mehr als nur Indizien für die Veränderungen. Dass dabei den Medien, vor allem dem Internet, eine besondere Rolle zugedacht wird, zeigen die Entwicklungen von Lernumgebungen im Internet.

Zusammenhänge schnell erfassen, Ideen formulieren, Methoden entwickeln, um Probleme zu lösen, und das in einer kurzen Zeit und als Teamleistung, sind einige der Kompetenzen, die unter Einbeziehung von PC und das Internet gefördert werden sollen.

Die Übergänge von der Kindheit zur Jugendzeit und zum Erwachsenensein sind fließend. Weil diese Grenzen heute nicht eindeutig definiert werden können, wird es zunehmend schwieriger, den genauen Übergang von der Kindheit in das Jugendalter festzusetzen. In diesem Sinne hat Neil Postman durchaus Recht, wenn er vom „Verschwinden der Kindheit“ spricht. Hinzu kommt, dass die Kinder durch die Medien mit Themen konfrontiert werden, die typisch für das Erwachsenensein (z. B. Sexualität) sind. Es wird damit für die Eltern immer schwieriger, ihre Kinder langsam auf diese Themen vorzubereiten.

Kinder wachsen in einer Mediengesellschaft auf. Was so lapidar klingt, vermittelt eine harte Botschaft, sich mehr oder weniger bedingungslos den Anforderungen der Leistungsgesellschaft stellen zu müssen. Die Familie wird in diesem Sinne zum „Erfüllungsgehilfen“ der technischen, wirtschaftlichen und gesellschaftlichen Entwicklung. Zu ihrem Nachteil gereicht es, dass sie die Rahmenbedingungen nicht steuern, sondern höchstens die Folgen abmildern kann.

So nutzen unsere Kinder Medien

Die heutige Elterngeneration erzieht ihre Kinder mehrheitlich in einem toleranten und freiheitlichen Klima, entsprechend groß sind die Freiheitsräume der Kinder. Das honorieren die Kinder und würden ihre eigenen Kinder später ähnlich erziehen, wie sie selbst erzogen wurden. Insgesamt lässt sich das Verhältnis der beiden Generationen zueinander als harmonisch bezeichnen.

Die gewonnenen Freiheitsgrade kommen den Kindern auch bei der Mediennutzung zugute. Während die heutige Kinder- und Jugendgeneration multimedial aufwächst, steigt die mediale Kluft zu den eigenen Eltern. Letztere sind nicht mit Internet, Handy und Co. aufgewachsen, lernten den Umgang mit dem Computer oft im Zuge ihrer Erwerbstätigkeit und kennen vielfach die neuen Medienentwicklungen nicht so gut wie ihre Kinder. Entsprechend schwierig ist es für sie abzuschätzen, welche Folgen die Medien für ihre Kinder haben könnten, und sie wissen nicht, mit welchen medialen Inhalten sich ihre Kinder auseinandersetzen. Um etwas Licht ins Dunkel zu bringen, stelle ich in Auszügen die Ergebnisse der KIM-Studie 2006 (Kinder und Medien-Basisstudie des Medienpädagogischen Forschungsverbunds Südwest, die regelmäßig seit 1999 den Stellenwert der Medien im Alltag der sechs- bis 13-Jährigen erhebt), dar.

Um das familiäre Umfeld berücksichtigen zu können, wurden die Kinder mündlich befragt und die Mütter mit einem Fragebogen einbezogen.

Die Kinder wachsen in einem multimedialen familiären Umfeld auf. In den Haushalten gibt es fast flächendeckend Fernseher, Telefon, Handy und Radio. 89 Prozent der Familien in Deutschland besitzen einen Computer, 81 Prozent einen Internetanschluss. Kassettenrekorder, Spielkonsole, Digitalkamera, Plattenspieler, MP3-Player gibt es in weit mehr als der Hälfte der Familien in Deutschland (vgl. KIM-Studie, 2006, S. 7).

Was die Medienausstattung anbelangt, verfügen Familien mit einem Nettoeinkommen von unter 1.500 Euro über deutlich weniger Geräte als Familien mit einem Nettoeinkommen von 2.500 Euro monatlich, ausgenommen ist hierbei der Fernseher (vgl. KIM-Studie, 2006, S. 8).

CD-Player, Kassettenrekorder und Radio sind die Geräte, die in den Kinderzimmern stehen, ebenso wie eine tragbare Spielkonsole, über die die Hälfte der Kinder verfügen kann. 44 Prozent der Kinder sind im Besitz eines eigenen Fernsehers, 36 Prozent können ein Handy ihr Eigen nennen und auch der MP3-Player ist zwar bei den Jungen etwas häufiger anzutreffen, gehört aber quasi zum Standardinventar.

Nicht ganz so weit verbreitet sind Computer und Internet, doch das wird sich in den nächsten Jahren sicher ändern.

Bereits 14 Prozent der Mädchen und 21 Prozent der Jungen besitzen einen eigenen Computer und 8 Prozent können im Kinderzimmer das Internet über den eigenen Internetanschluss entdecken.

Das Fernsehen steht mit 97 Prozent an erster Stelle der Freizeitaktivitäten, gefolgt von Freunde treffen (96 Prozent) und Hausaufgaben machen (95 Prozent). Hoch in der Gunst stehen aber auch „draußen und drinnen spielen“ sowie „etwas mit den Eltern oder der Familie unternehmen“.

Bei den Freizeitaktivitäten gibt es Unterschiede zwischen Jungen und Mädchen. Erstere sitzen häufiger am Computer und spielen öfter Videospiele und sind zudem sportlich aktiver, demgegenüber mögen die Mädchen kreative Tätigkeiten, musizieren, lesen deutlich mehr Bücher und sind tierverliebter.

Die Idole der Kinder kommen aus Film und Fernsehen (z. B. Harry Potter), Sport (z. B. Michael Ballack) und dem Musikgeschäft (z. B. Robbie Williams).

Im Zuge der kindlichen Entwicklung verliert das Fernsehen etwas an Bedeutung (zu Gunsten des Computers), bleibt jedoch das wichtigste Medium.

Die Kinder haben ihre eigenen Vorlieben beim Fernsehen: Gerne sehen sie „Sponge Bob“, „GZSZ“ oder „Verliebt in Berlin“. Bei den Fernsehprogrammen sind Super RTL und KIKA die Lieblingssender, wodurch sich das Fernsehverhalten der Kinder von denen der Jugendlichen unterscheidet.

Der Kinderkanal ist bei Sechs- bis Siebenjährigen der Spitzenreiter, bei Acht- bis Neunjährigen ist es Super RTL und bei 10- bis 11-Jährigen liegen Super RTL und RTL gleichauf.

Neben dem Fernsehen hat das Musikhören in dieser Altersgruppe eine große Bedeutung. Bereits ein Drittel aller Kinder kann auf digitale Musikdateien zurückgreifen. Schon Sechs- bis Siebenjährige hören regelmäßig Radio, nach Einschätzung des „Haupterziehers“ ca. 41 Minuten täglich (vgl. KIM-Studie, 2006, S. 23).

Über Erfahrungen mit dem Computer verfügen knapp über 80 Prozent der Kinder und schon die Jüngeren (Sechs- bis Siebenjährigen) zählen zu den Computernutzern (57 Prozent). Anders als bei den Jugendlichen dominiert der Computer noch nicht den Tagesablauf der Sechs- bis 13-Jährigen, primär wird der Computer zu Hause genutzt, mit zunehmendem Alter auch in der Schule oder bei Freunden (vgl. KIM-Studie, 2006, S. 30). Gerade in dieser Altersgruppe sind die Eltern die Vorbilder ihrer Kinder, daher ist es nicht überraschend, wenn die Kinder in der Regel ihre Kenntnisse im Umgang mit dem Computer primär von ihren Vätern erhalten haben. Genutzt wird der Computer am

Nachmittag, wobei es Regeln gibt, die die Kinder einhalten müssen, wenn sie ihn allein nutzen. Mit zunehmendem Alter nehmen die Restriktionen ab.

Zu den Lieblingsbeschäftigungen am Computer gehört das Spielen, 63 Prozent spielen allein, 52 Prozent mit Freunden zusammen. Beliebt sind auch Lernprogramme (43 Prozent) und Surfen im Internet (41 Prozent).

Bei der Nutzung des Computers gibt es geschlechtsspezifische Unterschiede: Mädchen nutzen den Computer öfter zum Lernen und für die Schule, sie schreiben häufiger Texte oder malen am Computer. Jungen spielen dafür mehr und intensiver Computerspiele.

Den Eltern ist nicht egal, was ihre Kinder am Computer machen, 72 Prozent fragen nach und wollen wissen, welchen Tätigkeiten ihre Kinder nachgegangen sind (vgl. KIM-Studie, 2006, S. 33). Den „Konfliktfall Computer" gibt es: Wenn Kinder ihn zu lange nutzen, wird seitens der Eltern Kritik laut.

Mit zunehmendem Alter wird das Internet für die Kinder interessanter und wichtiger. Nur eine kleine Gruppe von 14 Prozent ist jeden oder fast jeden Tag im Internet unterwegs, zum festen Bestandteil des Tagesablaufs ist das Internet bei der großen Mehrheit der Kinder noch nicht geworden.

Zwar wird immer wieder auf die Gefährdungen im Internet hingewiesen, dennoch ist ein Drittel der Sechs- bis 13-Jährigen allein im Netz unterwegs, bei 42 Prozent gibt es die gemeinsame Nutzung mit den Eltern (vgl. KIM-Studie, 2006, S. 43).

Was tun Kinder im Internet? Sie suchen in erster Linie nach Informationen, und zwar vorwiegend für die Schule und die sie interessierenden Themen. 40 Prozent aller Kinder spielen allein Onlinespiele, etwa 25 Prozent spielen gemeinsam mit anderen. Sie interessieren sich aber auch für speziell für sie entwickelte Onlineangebote, ein Drittel kann E-Mails empfangen und verschicken.

Die geschlechtsspezifischen Unterschiede treten deutlich hervor: Mädchen suchen öfter als Jungen nach Informationen für die Schule, sind kommunikativer (Chatten, Instant Messanger). Jungen spielen mehr im Internet und laden häufiger Dateien aus dem Internet herunter.

Das Fernsehen nimmt in dieser Altersgruppe einen bedeutenden Stellenwert ein, vorwiegend, um die Langeweile zu vertreiben. Wenn Kinder über Alternativen verfügen (z. B. mit Freunden treffen), ziehen sie dies der Mediennutzung vor (vgl. KIM-Studie, 2006, S. 56).

Die Eltern als Vorbilder der Kinder verfügen über einen beträchtlichen Einfluss auf ihre Kinder, was sich eben auch auf die Mediennutzung auswirkt. Die höchsten Medienwerte bezüglich der Nutzungszeiten bei den Erwachsenen erhalten Radio (126 Minuten) und Fernsehen (150 Minuten).

Welche Medien und wie lange diese genutzt werden, korrespondiert mit dem Bildungsstand der Eltern. So sehen Personen mit Hauptschulabschluss mehr als eine Stunde pro Tag länger fern als solche mit Abitur, während Letztere deutlich länger lesen und den Computer intensiver nutzen (vgl. KIM-Studie, 2006, S. 57).

In der KIM-Studie 2006 wurde ebenfalls gefragt, auf welches Medium die „Haupterzieher“ am wenigsten verzichten können. 58 Prozent nannten den Fernseher, und nur 10 Prozent gaben Bücher oder Zeitschriften an. Eltern wie Kinder entscheiden sich für den Fernseher als „Leitmedium“. An zweiter Stelle kommt bei den Eltern das Buch, bei Kindern ist es der Computer.

Vor dem Hintergrund einer Vorbildfunktion der Eltern wäre es interessant zu erfahren, ob es einen Zusammenhang zwischen den Medienpräferenzen der Eltern und denen der Kinder gibt. Solche Zusammenhänge konnten nachgewiesen werden: Bei Eltern, die eine enge Bindung an den Fernseher haben, ist dies überdurchschnittlich auch bei den Kindern zu beobachten. Dieser Zusammenhang gilt nicht nur für das Fernsehen, sondern auch für den Computer (vgl. KIM-Studie, 2006, S. 60).

Drei Viertel der Eltern meinen, Kinder sollten nur mit einem Filterprogramm im Internet unterwegs sein. Dass die Internetnutzung der Kinder eine Erziehungsaufgabe der Eltern ist, sieht dagegen nur eine Minderheit (14 Prozent), vielmehr wird diese Aufgabe in die Verantwortung der Schule gelegt (vgl. KIM-Studie, 2006, S. 64).

Die KIM-Studie belegt: Am liebsten treffen sich Kinder mit Freunden und spielen draußen. Erst auf den dritten Platz kommt das Medium Fernsehen. Die Studie zeigt auch: Die Dauer der Beschäftigung mit dem Computer steigt mit zunehmendem Alter.

Die Ausstattung der Haushalte mit Medien ist teilweise flächendeckend, die Medien werden von den Kindern genutzt, auch wenn nicht alle Medien in ihrem Zimmer vorhanden sind. Das Leitmedium der Kinder stellt das Fernsehen dar, wobei der Computer vor allen bei den Jungen zusehends beliebter wird.

Jugendliche sind multimedial vernetzt

Ein Bundesdeutscher ab 14 Jahren verbringt täglich etwa 600 Minuten mit Medien, das sind fast 10 Stunden, wobei Medien (z. B. Radio und Computer) parallel genutzt werden.

Die Medien werden über den Tag unterschiedlich intensiv gehört, gesehen oder genutzt. Der Hörfunk hat seinen Höhepunkt am frühen Morgen bis zum Nachmittag, das Fernsehen, obwohl die Programme ganztäglich gesendet werden, seinen Spitzenwert am Abend in der „Primetime“ (zur besten Sendezeit).

Kinder, die nach 1980 geboren sind, werden als „Digital Natives“ bezeichnet. Diese Generation wächst ganz anders mit Medien auf als ihre Eltern. Sie nutzen mehrere Medien gleichzeitig, sind die „Daumenkinder“, die in wenigen Sekunden Textnachrichten (SMS) versenden können, die auf dem einen Ohr den neuesten Song als MP3 hören und mit dem anderen Ohr übers Handy telefonieren. Auf diese Jugendlichen ist die (Medien-)Gesellschaft so nicht eingestellt, weil sie die erste Generation bilden, die in dieser Weise durch Medien sozialisiert ist. Das hängt auch damit zusammen, dass sich das Internet schneller als alle vorangegangenen Medien entwickelte und in der Gesellschaft durchsetzte: Brauchte das Radio etwa 40 Jahre, bis es 50 Millionen Nutzer erreichte, benötigte das Fernsehen dafür etwa 13 Jahre, der Computer immerhin noch 16 Jahre, erreichte das Internet in nur fünf Jahren die Grenze von 50 Millionen.

Das Internet wird nicht nur von der großen Mehrheit der Bevölkerung genutzt, es gibt auch keine repräsentativen Bevölkerungsschichten in Deutschland, die internetfern sind. Ganz praktisch bedeutet dies für die Forschung, dass ein Vergleich zwischen internetnahen und internetfernen Gruppen nicht mehr möglich ist, wenn z.B. Studien durchgeführt werden sollten, die den Einfluss des Internets auf die sprachliche Ausdrucksfähigkeit untersuchen.

Brauchte die Schriftkultur Jahrhunderte, um sich zu entwickeln, und hatte der Geist des Menschen genügend Zeit, sich daran anzupassen, war das Internet so schnell in der Entwicklung, dass nicht nur Linguisten darauf hinweisen, dass die Sprachkompetenz sich verändert – manche sagen nachlässt –, die elektronische Post die Briefkultur ablöst, die Schrift allgemein schludriger wird und offen ist, wie sich unserer Schriftkultur weiterentwickelt.

Und nicht nur Kulturpessimisten weisen darauf hin, dass das Führen eines Internettagebuches (Weblog) noch keine schriftstellerische Leistung darstellt. Viele Internetseiten sind gespickt mit grammatikalischen und sprachlichen Fehlern, trotz oder gerade weil es eine automatische Rechtschreibung gibt. Es zeigt sich ganz deutlich, dass der Computer und das Internet die Schriftkultur entscheidend verändern, aber nicht automatisch zum Besseren.

Zwischen 1980 und 2005 hat sich der Medienkonsum der Deutschen beinahe verdoppelt, von ursprünglich sechs auf mittlerweile zehn Stunden pro Tag.

Die durchschnittliche Lesezeit von 38 Minuten ist in den 80er-Jahren auf 28 Minuten zurückgegangen, seit etwa 15 Jahren jedoch relativ stabil geblieben. Die Tageszeitungen haben ein besonderes Problem: Sie werden in der Mehrzahl von älteren Personen gelesen, junge Menschen lesen Zeitungen wenig oder fast gar nicht. Die durchschnittliche Lesezeit wird nur dadurch stabil gehalten, weil die älteren Bevölkerungsteile die Zeitung länger lesen.

Ganz anders sehen die Zahlen beim Internet aus: Wie kein anderes Medium hat sich das Internet in den vergangenen 15 Jahren flächendeckend verbreitet, übrigens viel stärker als das Fernsehen. Etwa 61 Prozent der Deutschen über 14 Jahren sind bereits Internetnutzer, 42 Prozent surfen täglich (vgl. www.agof.de). Bei den Zielgruppen unter 30 Jahren werden sogar zwischen 90 und 97 Prozent Internetnutzer gezählt.

Die JIM-Studie von 2007 (Jugend, Information, [Multi-]Media) des Medienpädagogischen Forschungsverbundes Süd-West (www.mpfs.de) belegt, dass Jugendliche den Computer höher einstufen und ihnen dieser wichtiger ist als Fernseher und Printmedien.

Die seit 1998 vom Forschungsverbund durchgeführte JIM-Studie untersucht den Medienalltag von Jugendlichen im Alter von 12 bis 19 Jahren und gibt nicht nur Auskunft über die Geräteausstattung oder zum Freizeitverhalten, sondern fragt auch nach den Medieninteressen der Jugendlichen. In der Studie von 2007 wurde, wie in den Vorjahren, eine repräsentative Stichprobe von 1024 Jugendlichen telefonisch befragt.

Wenn Jugendliche sich nicht mit Medien beschäftigten, dann sind sie am liebsten (86 Prozent) mit Freunden zusammen (vgl. JIM, 2007, S. 6) und betreiben gerne Sport, wobei Jungen aktiver als Mädchen sind. Während Jungen häufiger feiern gehen und öfter selber Musik machen, sind die Mädchen kreativer und gehen auch gerne einkaufen. Nur eine kleine Minderheit (3 Prozent) geht in Bibliotheken oder schreibt Briefe.

Die Medienausstattung der Jugendlichen ist umfassend und umfangreich. Fernseher, Handy, Computer (Laptop) oder CD-Player gibt es in allen Haushalten. Auch Digitalkameras sind flächendeckend im Einsatz, Videorekorder werden zunehmend durch den DVD-Rekorder abgelöst. Damit einher geht eine zunehmende Verbreitung von Flachbildschirmen, die mittlerweile in fast jedem dritten Haushalt zu finden sind (vgl. JIM, 2007, S. 8).

Nicht nur beim Fernsehen gibt es einen Trend vom Zweit- zum Drittgerät, mehrfach gibt es in den Haushalten Mobiltelefone, Computer und MP3-Player.

Die Studie gibt ferner Auskunft darüber, welche Medien den Jugendlichen gehören, die sie frei nutzen können. 94 Prozent der Jugendlichen besitzen ein eigenes Handy, insofern kann man heute von einer Vollversorgung bei den Jugendlichen sprechen, gefolgt vom MP3-Player mit 85 Prozent. Bereits 67 Prozent aller Jugendlichen können sich über einen eigenen Fernseher oder einen Computer freuen. Auch online haben die Jugendlichen in den vergangenen Jahren kräftig aufgeholt, 45 Prozent aller Jugendlichen besitzen einen eigenen Internetanschluss in ihrem Zimmer (vgl. JIM, 2007, S. 10).

In der Geräteausstattung gibt es noch Unterschiede zwischen Jungen und Mädchen. Jungen haben öfter einen Fernseher, einen Computer, einen Internetzugang und Spielkonsolen, dafür verfügen Mädchen häufiger über Handy, MP3-Player oder Digitalkamera.

Wer über welche Medien verfügt, entscheidet sich nach dem Bildungsgrad. Fast drei Viertel der Hauptschüler verfügen über einen eigenen Fernseher im Zimmer im Gegensatz zu Gymnasiasten (60 Prozent). Ein ähnliches Bild zeigt sich auch bei den Spielkonsolen (vgl. JIM, 2007, S. 11).

Jugendliche nutzen am häufigsten den Fernseher (92 Prozent) mehrmals in der Woche, knapp dahinter folgt die Computernutzung (84 Prozent) und Handy sowie MP3-Player (82 Prozent). Mehr als drei Viertel aller Jugendlichen sind regelmäßig im Internet unterwegs. Aber auch Radio hören (74 Prozent) und Kassetten/Musik-CDs (75 Prozent) sind beliebte Beschäftigungen der Jugendlichen. Bücher (37 Prozent), Zeitschriften (31 Prozent), digitale Fotos (23 Prozent) rangieren deutlich dahinter.

Mit zunehmendem Alter verändert sich die Mediennutzung. Bücher und Comics, Hörspiele und Spielkonsolen werden von älteren Jugendlichen weniger genutzt, dafür lesen sie mehr Zeitung und nutzen Computer, Handy und Internet intensiver.

Beim Bücherlesen werden die geschlechtsspezifischen Unterschiede bei der Mediennutzung besonders deutlich: 48 Prozent der Mädchen lesen regelmäßig in der Freizeit ein Buch, bei den Jungen sind es nur 28 Prozent (vgl. JIM, 2007, S. 13).

Mädchen interessieren sich für Liebe und Freundschaft, Mode, Handy, Schule und Gesundheitsthemen. Ebenso können sich Mädchen stärker für die Themen Umweltschutz und Kultur begeistern. Jungen begeistern sich mehr für Sport, generell für alles rund um den Computer und interessieren sich mehr für Politik und Wirtschaftsthemen (vgl. JIM, 2007, S. 15).

Was wäre, wenn Jugendliche auf ein Medium verzichten müssten? Hier zeigen sich im Vergleich zu den Kindern deutliche Unterschiede, für die das Fernsehen das wichtigste Medium ist. Bei den Zwölf- bis 19-Jährigen landet das Fernsehen in seiner Bedeutung nur auf Platz vier hinter dem Spitzenreiter Computer, Internet und MP3-Player (JIM 2007, S. 16). Allerdings gibt es Unterschiede zwischen den Geschlechtern: Jungen entscheiden sich eindeutig für den Computer, Mädchen setzen an die erste Stelle das Internet.

Mit Blick auf die vorangegangene Studie aus dem Jahr 2006 verliert das Fernsehen überproportional.

Der Computer ist also fest im Alltag der Jugendlichen integriert und mehr als die Hälfte der Jugendlichen (53 Prozent) nutzt den Computer für die Schule, dann erst folgen die Computerspiele mit 34 Prozent (vgl. JIM, 2007, S. 33).

Mädchen schreiben mehr und häufiger am Computer für die Schule als Jungen. Computerspiele sind eine Domäne der Jungen, die Hälfte spielt sie mehrmals pro Woche. Mit zunehmendem Alter der Jugendlichen geht das Interesse an den Computerspielen leicht zurück.

Das Bedürfnis nach Kommunikation ist sehr groß, wobei es Unterschiede zwischen Mädchen und Jungen gibt: Ersteren ist die Kommunikation etwas wichtiger.

An erster Stelle stehen bei ihnen die Instant Messanger (72 Prozent), danach folgen E-Mail (60 Prozent) und Chat (30 Prozent). Weniger verbreitet sind bisher die typischen Web 2.0 Anwendungen wie Weblog und Foto- sowie Videoplattformen.

Die Internetnutzung wird auch hier durch den Bildungshintergrund beeinflusst. Gymnasiasten bedienen sich häufiger als Real- oder Hauptschüler des Internets als Recherchewerkzeug (vgl. JIM, 2007, S. 40).

Die weitaus meisten Jugendlichen wissen, was im Internet erlaubt und was verboten ist, ein Fünftel verfügt jedoch über keine eindeutigen Kenntnisse (vgl. JIM, 2007, S. 47).

Die Studie fragte auch nach der Glaubwürdigkeit der Inhalte des Internets. Sieben Prozent der Jugendlichen sind der Meinung, dass die Inhalte im Internet auf ihre Richtigkeit überprüft wurden, und 19 Prozent stimmen dem weitgehend zu. Im Umkehrschluss bedeutet dies, dass ein Viertel der Jugendlichen den Inhalten glaubt und eher unkritisch damit umgeht. Bei den Zwölf- bis 13-Jährigen ist die Zahl deutlich höher, hier meinen 40 Prozent, dass die Inhalte voll und ganz bzw. weitgehend geprüft wurden. Selbst ältere Jugendliche (18 bis 19 Jahre) haben ein großes Vertrauen in die Inhalte des Internets (15 Prozent). Werden diese Zahlen mit den Bildungsgruppen in Beziehung gesetzt, zeigt sich, dass 35 Prozent der Hauptschüler und 30 Prozent der Realschüler von der Richtigkeit der Inhalte überzeugt sind. Bei den Gymnasiasten sind es zwar weniger, mit 20 Prozent aber noch viele (JIM, 2007, S. 48). Bedenklich sind diese Zahlen, weil doch ein recht hoher Anteil sehr unkritisch mit den Inhalten im Internet umgeht.

Computer, Internet und Handy spielen für die Jugendlichen eine wichtige Rolle in ihrem Sozialisationsprozess. Gründe für ihre intensive Nutzung sind Bedürfnisse nach Kommunikation und Beziehung. Aber auch Langeweile und Einsamkeit helfen die Medien zu vermeiden. 36 Prozent der Jugendlichen nutzen das Internet, wenn ihnen langweilig ist, den Fernseher zu 27 Prozent, Bücher werden weder von Jungen (6 Prozent) noch von Mädchen (10 Prozent) als geeignete Mittel gegen Langeweile empfunden (vgl. JIM, 2007, S. 62). Bei Frust und Ärger hört ein Viertel der Jugendlichen Musik. Die Verhaltensweisen von Jungen und Mädchen sind in diesem Fall kaum verschieden, Jungen wenden sich wohl verstärkt dem Internet zu, während Mädchen doppelt so oft wie Jungen ihren Ärger am Telefon oder Handy besprechen (vgl. JIM, 2007, S. 62).

Ganz offensichtlich steht das Internet bei den Jungen im Alter von 12 bis 19 Jahren im Mittelpunkt der Medienaktivitäten. Die Medienwelt der Jugendlichen unterscheidet sich signifikant von denen der Kinder. Das Bedürfnis, sich auszutauschen und zu vernetzen, ist in dieser Altersgruppe besonders stark ausgeprägt. Zwar spielt das Fernsehen im Medienalltag eine sehr wichtige Rolle. Computer und Internet haben aber bereits die Dominanz des Fernsehens in einigen Bereichen gebrochen. Als positiv kann bewertet werden, dass der Computer zusehends als Lernmedium entdeckt und genutzt wird und er immer häufiger für schulische Belange eingesetzt wird. Allerdings zeigt sich auch, wie wichtig die Vermittlung von Medienkompetenz bei Zwölf- bis 19-Jährigen ist.

Die vorgestellten Daten zeigen, wie wichtig eine medienpädagogische Erziehung ist, die hiermit nicht nur angeregt, sondern angemahnt wird, denn dass die „Bilderwelten“ nicht ohne Folgen für Kinder und Jugendliche sind, sollte auch den größten Medienoptimisten nicht verborgen geblieben sein.

2. Wenn „Sex und Crime“ den Alltag beherrschen

Kaum ein Elternabend oder eine Medienfortbildung, bei der nicht nach den negativen Auswirkungen der Medien gefragt wird. „Mein Kind schaut gerne ‚Alarm für Cobra 11‘“, „mein Sohn spielt dauernd ‚Indiana Jones‘“, „meine Tochter chattet laufend“. „Welche Auswirkungen hat das für meinen Sohn oder meine Tochter?“ Und die selbst gegebene Antwort der Eltern lautet prompt: „Das kann doch nicht gut für mein Kind sein, oder?“

Nicht erst mit der Einführung von Radio, Fernsehen und Internet wird Kritik an den Medien laut. Die Medienkritik durchzieht die gesamte Kultur- und Sozialgeschichte Europas, warnt vor der Übermacht der Technik gegenüber dem Menschen oder sorgt sich um die negativen Einflüsse der Medien auf ethisch-moralische Wertvorstellungen der Gesellschaft (Kulturpessimismus).

Ganz aus der Luft gegriffen sind diese Sorgen sicher nicht. Um zu einer Annäherung zu kommen, ob die Medienkritik Recht hat, hilft die Frage, wie Medien auf Kinder wirken.

Sicher ist: Medien wirken nicht wie Arzneimittel, schnell und direkt, denn anders als beim Arzneimittel werden Medien durch den kognitiven und sozial-moralischen Entwicklungsstand gefiltert. Kognitiv meint, ob die Medienangebote überhaupt genutzt, verstanden und verarbeitet werden können. Eine Grundvoraussetzung, um das Internet nutzen zu können, ist die Lese- und Schreibfähigkeit. Kinder bis zur Mitte der Grundschulzeit können das Internet in der Regel daher aktiv nicht nutzen, weil ihnen diese Fähigkeit fehlt.

Märchen finden jüngere Kinder deshalb spannend und interessant, weil in ihnen die Welt in einem einfachen Schema von Gut und Böse aufgeteilt wird und dieses dem Entwicklungsalter dieser Altersgruppe entspricht. Älteren Kindern ist dieses Schema zu eindimensional, sie bevorzugen komplexere Handlungsstränge, vielschichtige Charaktere und stellen Handlungen infrage.

Die Wirkung von Medieneinflüssen ist nicht nur abhängig vom Alter und dem Entwicklungsstand, sondern auch vom Geschlecht und dem sozialen Umfeld, in dem Kinder aufwachsen. Daily Soaps sind bei Mädchen in der Pubertät deshalb sehr beliebt, weil in ihnen Beziehungsthemen zur Sprache kommen, ein Thema, das für Mädchen in diesem Alter entwicklungspsychologisch von besonderer Bedeutung ist.

Ein wesentliches Kennzeichnen der Pubertät ist die Ablösung vom Elternhaus, die Suche der Heranwachsenden nach ihrem Platz in der Gesellschaft. Sie suchen nach Orientierung, nach ihrer eigenen Identität. Vorbilder, die sie in Musikgruppen, Schauspielern oder Sportlern finden, sind in diesem Alter eine wichtige Einflussgröße auf dem Weg zur eigenen Persönlichkeit. Als weitere Einflussgröße sind die Medien hinzugekommen, die „Stars“ und „Prominente“ hervorbringen und den Kindern Vorbilder anbieten.

Im Verlauf der Sozialisation von Kindern und Jugendlichen ändern sich Medienvorlieben und Medienthemen erheblich. So kristallisieren sich beispielsweise beim Filmverständnis Vorlieben für bestimmte Genres (z.B. Horrorfilme, Komödien ...) oder Themen (z.B. Liebe, Freundschaft, Karriere ...) heraus, während andere vermieden werden, weil sie entweder angstbesetzt sind oder kein mediales Vergnügen bereiten.

Bei der Klärung der Frage nach den Medienwirkungen auf Kinder und Jugendliche ist dieser „Kontext" mitzuberücksichtigen. Dies macht es auch für die wissenschaftliche Forschung schwierig, allgemeingültige Aussagen zu formulieren.

Die Suche nach den Medienwirkungen

Schon der Philosoph Platon (geboren 427 v. Chr.) übte Kritik an den Medien, genauer genommen an der Schrift im Griechenland des 4. Jahrhunderts. Er kritisierte, dass durch die Schrift die Fähigkeit verloren gehe, das Niedergeschriebene kritisch zu reflektieren und zu hinterfragen. Diese Kritik setzte sich durch die gesamte Kulturgeschichte hinweg fort: Nach der Erfindung der Buchdruckkunst im 15. Jahrhundert war es nicht die Schrift, sondern Bücher, die in den Fokus der Kritik gerieten. Als Anfang des 20. Jahrhunderts die ersten Kinos öffneten, war das Echo zwar groß, die Kritik ließ jedoch auch hier nicht lange auf sich warten. Aussagen wie „Filme sind Schund" oder „Sitte und Moral sind gefährdet" gehörten noch zu den harmloseren Beschimpfungen. Aufzuhalten war die technische Entwicklung indes nicht. Schnell faszinierten die Massenmedien Kino und Radio. Das machte die Medien für die politische Propaganda interessant. Mit der Machtergreifung der Nationalsozialisten wurden die Medien im Dritten Reich „gleichgeschaltet" und für die nationalsozialistische Propaganda missbraucht.

Studien, die in den Vereinigten Staaten in den 40er-Jahren durchgeführt wurden, meinten nachweisen zu können, dass das Kino vor allem einen negativen Einfluss auf junge Männer ausübe. Diese Untersuchungen sind aus heutiger Sicht zwar nicht haltbar, verfehlten in ihrer Zeit jedoch nicht ihre Wirkung.

Als Beleg für die Medienwirkungen wird immer wieder gerne auf das Hörspiel „Der Krieg der Welten“ von Orson Welles zurückgegriffen, das 1938 in Amerika ausgestrahlt wurde. Die Berichterstattung machte Orson Welles berühmt, die Medien berichteten von einer Massenpanik, als angeblich Außerirdische auf der Erde landeten. Bis heute hält sich diese Legende überaus hartnäckig, obwohl es nachweislich nie eine solche Panik gegeben hat.

Zunächst glaubte man, die Inhalte der Massenmedien würden ungefiltert auf den Rezipienten treffen, wodurch eine direkte Wirkung ausgelöst werden würde. Dahinter steht die Idee eines sehr einfachen Reiz-Reaktionsmodells, wodurch den Massenmedien (Radio und Fernsehen) eine enorme Macht zuerkannt wird, sie Gesellschaften gleichsam steuern könnten. Und obwohl schon relativ früh empirische Untersuchungen belegten, dass dem nicht so ist, hält sich dieses Gedankengut bis heute.

Bereits in den 40er-Jahren des vergangenen Jahrhunderts untersuchte der Soziologe Paul Lazarsfeld die Wirkung des Propagandafilms „The Battle of Britain“, um festzustellen, wie der Film auf Soldaten, die in den Krieg ziehen sollten, wirkte.

Der Forscher war enttäuscht. Er war von großen Medienwirkungen durch die Massenmedien ausgegangen: Durch den Film konnten zwar Meinungen und Wissen in gewisser Weise beeinflusst werden, Einstellungen und Motivationen wurden dagegen kaum nachweisbar durch den Film verändert. Durch viele weitere Untersuchungen konnte er diese Erkenntnisse weiter stützen und kam zu dem Ergebnis, dass die Massenmedien bestehende Einstellungen von Menschen lediglich verstärken könnten.

Mit Blick auf den Rezipienten bedeutet dies nun, dass dieser nicht der passive Konsument ist, der eine Fernsehsendung anschaut, einen Radiosender hört und von diesem „gesteuert" wird, sondern selber aktiv ist, selektiv aus dem umfangreichen Medienangebot auswählt.

Die Ausgangsfrage war nun nicht mehr: Was machen die Medien mit den Menschen? Sondern: Was machen die Menschen mit den Medien? Dieser erste „Nutzenansatz" stellt den bewusst handelnden Rezipienten in den Mittelpunkt der Betrachtungen. Der Rezipient entscheidet nach seinen Interessen, nach seinen Vorlieben und Bedürfnissen, wie und wann er die verschiedenen Medienformate nutzt. Während der Nutzung entscheidet er, ob ihm das Medienangebot zusagt und ob er das Angebot ein weiteres Mal nutzen wird.

Dieser Paradigmenwechsel führt zu einem anderen Verständnis von Medienwirkungen. Medien können danach abhängig von den Bedürfnissen und Wünschen der Menschen verschiedene Funktionen übernehmen. Das bedeutet ferner: Jedes Medium hat seine Besonderheit, die Wirkungen sind verschieden, jedes Medium wird für sich situativ genutzt.

Nun können Medien auch indirekt wirken, wenn sie Themen in den Vordergrund stellen und Kampagnen auf verschiedenen Medienkanälen fahren. Wenn im Fernsehen, Internet, Kino und in den Zeitungen für den neuesten „James Bond" geworben oder das Privatleben der Prominenten ausgiebig diskutiert und kommentiert wird, wirft das die Frage auf, ob die Medien durch diese bewussten Inszenierungen nicht den Zuschauer, den Zuhörer oder den Internetnutzer gezielt steuern können. Jede Form der Werbung zielt doch genau darauf ab, den „Kunden“ auf ein bestimmtes Thema aufmerksam zu machen. Ein gutes Beispiel ist hier übrigens der letzte Präsidentschaftswahlkampf in den USA. Noch wenige Tage vor der Wahl ließ der Präsidentschaftskandidat Barack Obama zur besten Sendezeit, zur Prime Time um 20 Uhr, auf mehreren Kanälen parallel einen 30-minütigen (!) Werbespot (der zwischen 3,5 und 5 Millionen Dollar kostete) für seine Politik ausstrahlen, um die noch unentschlossenen Wähler für sich und seine Politik zu gewinnen. Könnte es nicht sein, dass im Hintergrund mächtige Medien stehen, die entscheiden, womit sich das Publikum auseinandersetzen soll, und die Medien die „Agenda“, sprich die Tagesordnung der politischen, sozialen und kulturellen Themen bestimmen?

Man kann dem entgegengehalten, dass die Medien ein Spiegelbild unserer Gesellschaft sind und damit das gesellschaftliche Meinungsbild wiedergeben. Bis heute wird diese Frage kontrovers diskutiert.

Bei der Frage nach den Wirkungen müssen wir ebenfalls berücksichtigen, dass die Massenmedien Radio, Fernsehen und Internet zwar grundsätzlich alle Bevölkerungsgruppen ansprechen wollen, faktisch aber unterschiedliche ansprechen. Seit der Entertainer Harald Schmidt 2005 öffentlich vom „Unterschichtenfernsehen“ (vgl. http://www.zeit.de/2005/11/Titel_2fUnterschicht_11.) sprach, geistert eine neue Vokabel durch die Medien; die zugegeben negative Konnotation bringt es auf den Punkt: Gibt es nicht einen deutlichen Niveauunterschied in den Medien? Wen sprechen Medienformate vom Schlage „Deutschland sucht den Superstar“ und „Big Brother“ an?

Sind nicht Teile der Bevölkerung stärker gefährdet als andere, wenn sie bestimmte Medienformate sehen, und setzt sich dieser Trend womöglich im Internet fort? Könnte es nicht sein, dass die Medien zu einer „digitalen Spaltung", zu einer „Wissenskluft" in der Bevölkerung beitragen? Ganz nach dem Prinzip: Kinder mit einem höheren sozioökonomischen Status, einem bildungsnahen Hintergrund, nutzen neue Medien intensiver und effektiver für die eigene Fort- und Weiterbildung als Kinder aus bildungsfernen Schichten. Dann hätten Menschen, die einen höheren Schulabschluss, also formal gebildeter wären, bessere Möglichkeiten, ihr Wissen zu erweitern als weniger Gebildete. Ganz abwegig ist der von Harald Schmidt pointiert formulierte Titel „Unterschichtenfernsehen" nicht, gibt es nicht auch ein „Unterschichteninternet"?

Die dahinterstehende These, die Medien würden die Gesellschaft in informationsreiche und informationsarme Schichten spalten, ist als „Wissenskluftthypothese" 1970 in die Geschichte der Medienwirkungsforschung eingegangen. Demnach würden bildungsaffine Bevölkerungsteile die neuen Medien aktiver für ihre Weiterbildung nutzen als bildungsferne Schichten. Der sozioökonomische Status spielt nach der Wissenskluftthypothese eine wichtige Rolle bei der erfolgreichen Informationsaneignung.

Kritisch anzumerken ist, dass die Hypothese der Wissenskluft nicht nur vom Bildungsstatus oder dem Einkommen abhängig gemacht werden kann. Daher hat sie in den folgenden Jahren mehrere Modifikationen erfahren, in dem unter anderem Wissensklüfte nicht nur durch die Art des Themas entstehen, sondern eben auch durch die eigene Motivation, sich inhaltlich mit dem Wissen auseinanderzusetzen. Heute spricht man weniger von der Wissenskluftthypothese, sondern eher von der „digitalen Bildungskluft". Wirtschaftlich besser gestellte Bevölkerungsschichten mit höheren Bildungsabschlüssen nehmen die Informationen aus den Massenmedien nicht nur besser als Bevölkerungsteile mit niedrigen Abschlüssen auf, sondern können diese auch effektiver verarbeiten. Diese digitale Kluft wird durch die Verbreitung der digitalen Medien weiter forciert, zumal der Zugang zu Hard- und Software und Internetverbindungen international unterschiedlich ist. Je nach Bildungsniveau, Geschlecht, Alter und Sozialisation gibt es Unterschiede bei der Entwicklung von Nutzungskompetenzen, und das wird als eines der größten strukturellen Probleme in der Mediengesellschaft angesehen.

Damit kommen wir zu einer weiteren Frage: Wie verarbeitet unser Gehirn die medialen Bilder und Eindrücke? Und welche kurz-, mittel- und langfristigen Folgen hat dies mit Blick auf die sozialen und psychischen Auswirkungen für unsere Kinder?

Wie unser Gehirn Medienbilder verarbeitet

Was geschieht im Gehirn des Kindes eigentlich genau, wenn es fernsieht oder am Computer spielt? Sind Kinder den Medien ausgeliefert oder gibt es Mechanismen im Gehirn, die das Kind schützen? Wie verarbeiten Kinder ihre Medienerlebnisse?

Neurologen haben in den vergangenen Jahren viele Untersuchungen durchgeführt, die sich mit diesen Fragen beschäftigten. Die Ergebnisse sind zwar nicht so eindeutig, wie man vermuten möchte, und die Hirnforschung steht bei vielen Fragen noch am Anfang. Dennoch sind die Ergebnisse teilweise überraschend. Gesichert scheint: Kinder entwickeln Vorlieben und

Präferenzen für bestimmte Medien, sind aktiv bei der Medienaneignung beteiligt und filtern die Medieninhalte mit der Folge, dass man nicht über die Häufigkeit der Mediennutzung gleich auf eine bereits feststehende Wirkung schließen kann.

Gerade auf die noch näher zu beschreibende Wirkung von Medien auf Kinder ist der Hinweis wichtig, dass die Mediennutzung nicht im „luftleeren Raum" geschieht, sondern die Inhalte von Kindern wahrgenommen, bewertet und schließlich verarbeitet werden. In welcher Weise Kinder Medieninhalte aufnehmen und verarbeiten, ist von verschiedenen Faktoren abhängig. Die eigene Lebensbiografie, bestimmte Lebensumstände, die kognitive Reife, das soziale Milieu oder die kulturelle Verortung gelten als solche Einflussfaktoren.

Die Aussage „Fernsehbilder wirken auf Kinder" ist nicht falsch, sie gibt aber keine Antwort darauf, wie Kinder sich bestimmte Fernsehbilder aneignen, weil sie eben nicht nur passive Konsumenten, sondern aktiv Handelnde sind, welche die gesehenen Bilder zu ihrer Lebenserfahrung, ihrem sozialen Umfeld, ihren Träumen und Wünschen in Beziehung setzen. Medienaneignung ist in diesem Sinne ein lebensbegleitender Prozess, beruht auf dem Wechselspiel zwischen Medien und kindlicher Entwicklung. Das erklärt auch, warum gleiche oder ähnliche Fernsehbilder in unterschiedlicher Weise auf gleichaltrige Kinder wirken.

Die Wahrnehmung und Verarbeitung von Bildern ist ein komplexer Prozess, bei dem viele Faktoren berücksichtigt werden müssen. Kinder filtern die Medieninhalte, konstruieren und setzen sie neu zusammen. Was hier etwas mechanisch klingt, geschieht im Bruchteil einer Sekunde.

Der Einfluss der Bilder auf den Rezipienten wird damit enorm relativiert, weil die Bilder verschieden von den Kindern wie auch von Erwachsenen aufgenommen werden. Würden wir nämlich die auf uns einwirkenden Bilder nicht filtern können, würde unser Gehirn angesichts der Bilderfülle sprichwörtlich „überlaufen". Nur Bilder, die eine Relevanz haben, können sich im Gehirn festsetzen und werden dauerhaft „abgespeichert".

Man sollte sich daher hüten, zu glauben, dass nur und immer bestimmte Bilder (z.B. von Gewalt) ein Problem darstellen, mindestens genauso wichtig ist der Prozess, wie die Bilder angeeignet werden und in welchem Kontext die Aneignung stattfindet. Werden die Bilder allein im Kinderzimmer gesehen, verläuft der Aneignungsprozess deutlich anders als beim gemeinsamen Gruppenerlebnis.

Erheblichen Einfluss darauf, ob und wie Medienbilder angeeignet werden, üben medienbezogene Interessen aus. Untersuchungen zeigen, dass bereits Kinder im Vorschulalter Interessen ausprägen. Zwar sind diese Interessen bei Kindern leichter von außen beeinflussbar als bei Jugendlichen und Erwachsenen, sie haben jedoch eine wichtige Bedeutung bei der Selektion von Bildern.

Motivationen und Interessen, die vom Kind ausgehen, werden als intrinsisch bezeichnet, sind sehr effektiv und wirken sich positiv auf den Lernerfolg aus, weil sich Kinder intensiv und vor allen gründlich mit dem „Lerngegenstand" beschäftigen, diesen aus eigenem Interesse vertiefen und ihre Kenntnisse erweitern. Dieses im Gehirn abgelegte Wissen ist vergleichsweise „tief" und kann später leichter abgerufen und weiterentwickelt werden.

Eltern können das bei ihren Kindern leicht beobachten: Ist das Interesse des Kindes an einem bestimmten Objekt hoch, vertieft es sich so sehr darin, dass es seine Umwelt kaum mehr wahrnimmt.

Vom geplanten Lernen in der Schule (intentionales Lernen) nach einem Lehrplan gibt es auch ein Lernen „nebenbei", dies setzt persönliche Freiheitsräume voraus, in denen persönliche Interessen im Mittelpunkt stehen. Nicht-intentionales (also nicht zielgerichtetes) Lernen ist informell, geschieht nebenbei und ist ein notwendiger und wichtiger Teil dessen, was wir im Laufe unseres Lebens lernen.

Beide Formen des Lernens sind für die kindliche Entwicklung wichtig, wie die vielen Belege aus der pädagogischen Psychologie zeigen. Selbst wenn diese Erkenntnisse zum größten Teil aus dem schulischen Umfeld stammen, sprechen viele Faktoren dafür, dass sie auch für die Aneignung von Medienbildern relevant sind.

Das wirft die Frage auf, von welchen Interessen Kinder und Jugendliche geleitet sind. Mit Blick auf die unterschiedlichen sozialen Milieus unserer Gesellschaft wäre zu hinterfragen, ob diese überall gleich sind oder ob es milieuspezifische Unterschiede mit Blick auf die medienbezogenen Interessen nicht nur hinsichtlich der Altersgruppen, sondern auch zwischen Jungen und Mädchen gibt.

Die Lebensphasen und die geschlechtsspezifischen Unterschiede sind klassische Forschungsgebiete der Entwicklungspsychologie und geben uns weitere wertvolle Hinweise zum Verständnis der unterschiedlichen Interessenlagen. Als sicher gilt, dass wir im Laufe unseres Lebens verschiedene Lebensphasen durchlaufen, die uns vor Entwicklungsaufgaben stellen. Biologische Veränderungen des Körpers (Geschlechtsreife), Rollenerwartungen von außen und Normen, die aus dem sozialen Umfeld erwachsen, sind bedeutsame Faktoren der Entwicklung bei den Heranwachsenden und werden von ihnen verschieden interpretiert.

Das Jugendalter stellt in diesem Zusammenhang eine besonders schwierige Phase dar. Die Ablösung vom Elternhaus, die zunehmende Bedeutung der Jugendgruppe, die Entwicklung eines Selbstkonzeptes und die Geschlechtsreife sind Entwicklungsaufgaben und müssen verarbeitet und gedeutet werden, um ein eigenes Rollenverständnis zu entwickeln.

Die Medien spielen in dieser Entwicklungsphase eine große Rolle: Sie vermitteln Wertvorstellungen jenseits der bekannten Erwachsenenwelt, lassen Tabubrüche zu und vermitteln nicht selten ein unspezifisches geschlechtsbezogenes Rollenbild.

Nimmt man beispielsweise den Aspekt der Ablösung vom Elternhaus, erscheinen die sozialen Netzwerke (z.B. SchülerVZ) in einem anderen Licht, weil sie die Möglichkeit bieten, sich sehr deutlich von den Eltern abgrenzen zu können. Ähnliches lässt sich bei den vor allem bei Jungen beliebten „Ballerspielen“ (Ego-Shooter) sagen. Hier werden Tabubrüche vollzogen, die auch mit dem Motiv der Ablösung erklärt werden können. Wohlgemerkt: Nicht alle Tabubrüche sind tolerierbar, ob dies nun das illegale Herunterladen des neuesten Blockbusters aus dem Internet oder der Ladendiebstahl von fremden Gütern ist. Straftaten dürfen nicht als „Tabubruch“ mit dem Hinweis auf die Ablösung vom Elternhaus verteidigt werden. Bei dem berechtigten Ansinnen der Heranwachsenden, auf eigenen Füßen zu stehen, sich eine eigene Meinung zu bilden – eben erwachsen und selbstständig zu werden –, ist immer wieder zu beobachten, dass sie Grenzen ausreizen und testen, wie weit sie gehen können. Aus pädagogisch-erzieherischer Perspektive ist es wichtig, dass die Heranwachsenden ihre eigenen Grenzen erleben und erfahren. Das setzt Erwachsene voraus, die bereit sind, Grenzen zu ziehen und auf deren Einhaltung zu achten.

Man wird nicht gegen alle Tabubrüche, die „episodenhaft“ und in gewisser Weise normal sind und so ein zeitlich begrenztes Problem darstellen, vorgehen müssen. Um das Fehlverhalten nicht ungewollt zu verstärken, ist es aber besser, wenn Heranwachsende das Verhalten selbstständig verändern und korrigieren können.

Kommen wir auf die Interessen der Jugendlichen zurück und nehmen als Beispiel eine LAN-Party. Jugendliche treffen sich in einem Raum, bringen den eigenen Computer mit und sitzen ein ganzes Wochenende vor dem Monitor, um zu spielen. Was ist das Interesse des Jugendlichen?

Ist es die Lust, den virtuellen Gegner zu töten, das Gemeinschaftserlebnis im Team gegen einen mächtigen Gegner zu bestehen, die Schöpfung einer eigenen Kreatur nach persönlichen Vorstellungen, das technische Interesse an hochmodernen Waffengattungen, die schnelle Reaktionsfähigkeit über Maus und Tastatur oder das Gefühl, zur „Gruppe“ zu gehören?

Mögen Eltern die blutrünstigen Aliens und Monster, die Angst einflößenden Grafiken, dunkle Gänge sowie Furcht erweckende Waffen abschrecken und sich bei ihnen die Meinung zementieren, solche Spiele gehörten verboten, wäre es doch pädagogisch zielführender zu wissen, welche Motive und Interessen die Spieler leitet.

Welche Bilder von Kindern und Jugendlichen aufgenommen werden, wie diese im Gehirn verarbeitet und ob daraus negative Verhaltensänderungen hervorgerufen werden, ist längst nicht so einfach zu beschreiben, wie dies oft in den Medien dargestellt wird. So können die Interessen von Kindern, Jugendlichen und Erwachsenen stark divergieren. Wenn Eltern die Interessen ihrer Kinder kennen und umgekehrt, ist dies der Medienerziehung sicher förderlich.

Es spricht einiges dafür, dass die medienbezogenen Interessen Jugendlicher Einfluss auf deren Medienrezeption und Aneignung haben. Und es spricht vieles dafür, dass Interessen den Aneignungsprozess nicht nur steuern, sondern fördern.

Nehmen wir abschließend noch mal den Aspekt des Lernens in den Blick: Sämtliche Nervenzellen sind bei der Geburt des Kindes vorhanden, die Synapsen wachsen und verknüpfen sich, wobei sich eine Nervenzelle mit bis zu eintausend anderen verbinden kann. Diese werden mit zunehmendem Alter durch Sinneswahrnehmungen und eigene Gedanken weiter angeregt. Verknüpfungen, die brachliegen, entwickeln sich zurück. Dieser Vorgang hält bis ins Erwachsenenalter an. Für das Lernen bedeutet dies, dass die Lern- und Lebenserfahrungen möglichst ganzheitlich ausgerichtet sein sollten. Je mehr Areale im Gehirn angesprochen werden, desto besser und differenzierter können sich die Verknüpfungen ausbilden und bieten die besten Voraussetzungen für Intelligenz, Sozialkompetenz oder Kreativität.

Erfahrungen, die alle Sinnesbereiche ansprechen, sind für die gesunde Entwicklung des Kindes notwendig. Der Besuch eines Zoos ist unter diesen Bedingungen förderlicher als etwa ein Fernsehbeitrag über einen Zoo. Im Zoo sehen Kinder die Tiere nicht nur, sie können das Pony anfassen, riechen den Geruch des Stachelschweins und hören das Brüllen eines Löwen oder beobachten, wie die Affenkinder klettern. Diese Sinneseindrücke kann uns ein Film in dieser Komplexität nicht vermitteln.

Das führt uns zu einer wichtigen Erkenntnis: Medien stellen eine gute Ergänzung zu realen Erfahrungen dar, sie können Fähigkeiten vermitteln und Fertigkeiten vertiefen, jedoch nicht die realen Erfahrungen ersetzen. Am Beispiel des Fernsehkonsums – es ist nach wie vor das Leitmedium der Kinder – möchte ich zeigen, welche Auswirkungen es auf die Kinder ausübt und wie das Fernsehen die kindliche Entwicklung beeinflusst.

Macht Fernsehen dumm und dick?

Hatte der „Skandal“ im Oktober 2008 durch die Rede von Marcel Reich Ranicki anlässlich der Preisverleihung zum deutschen Fernsehpreis eine nachhaltige Wirkung für das Qualitätsfernsehen? Führten die vielen Kommentare im Feuilleton diverser deutscher Zeitungen und die Diskussionen in den Rundfunkräten zu einer Neuausrichtung der Sender? Oder stecken wir bereits mitten in einer weiteren „digitalen Revolution“?

Die Einführung des digitalen Fernsehens steht kurz bevor, die Klassiker der Weltliteratur gibt es neuerdings als elektronisches Buch (E-Book) und den heimischen Computer benötigen wir künftig wohl ausschließlich zum Tippen, die Software kommt aus dem Netz und die Daten werden online gespeichert. Schon heute können wir am Computer live „Sportschau“, „Heute“ oder Günter Jauchs Show „Wer wird Millionär?“ schauen. Das Internetfernsehen ist Realität und die Programmmacher haben noch einiges in Sachen Internet vor (vgl. www.zukunft-fernsehen.de). Was mit „Wetten, dass …“ begann, hat sich bis in jeden Sender verbreitet: die Zuschauerbeteiligung. Ein gutes Beispiel dafür sind die „Gerichtsshows“ im Nachmittagsprogramm diverser Fernsehsender. Die verhandelten Fälle sind fiktiv, die Richter sind „echt“, während Zeugen und Angeklagte Laiendarsteller sind, für die es der größte Auftritt im Leben sein kann. Auch wenn diese

Programmformate nur ein bestimmtes Publikum erreichen, für die Sender sind sie preisgünstig zu produzieren und binden Zuschauer.

Die Programmmacher achten sehr genau auf das Programmschema, die Tagesschau wird immer um 20 Uhr gesendet. Kinder, Jugendliche und Eltern wissen genau, zu welcher Uhrzeit ihr Programm am Tag gesendet wird. Dieses Programmschema strukturiert zu einem nicht unerheblichen Teil den Alltag von Familien und wird von Kindesbeinen gelernt. Salopp formuliert: Die Medien haben uns ganz schön im Griff.

Vergegenwärtigen wir uns daher noch einmal einige Aussagen von Neil Postman, der in den 80er-Jahren in Deutschland einer größeren Öffentlichkeit durch seine Bücher „Das Verschwinden der Kindheit“ und „Wir amüsieren uns zu Tode“ bekannt wurde. Er gehörte zu jenen Vertretern, welche die mediale Entwicklung pessimistisch beurteilten. Zu seinen zentralen Thesen gehört, dass jede technische Erfindung immer Vor- und Nachteile in sich trägt. Mit der Einführung eines neuen Mediums geht etwas verloren, erklärt er, und es gilt abzuwägen, was gesellschaftlich mehr Wert hat: der Gewinn des Neuen oder der Verlust des Alten. Diese These war gegen die blinde Technik-Gläubigkeit in der amerikanischen Gesellschaft gerichtet. Dass er auch ausgesprochen bissig sein konnte, zeigt sein Vergleich zwischen der staatlichen Zensur, die nun durch belanglose Informationen in den Medien ersetzt wurde. Durch die ständige Berieselung mit unwichtigen Informationen würde das Geschichtsbewusstsein aufgehoben. Besondern intensiv setzte er sich mit dem Massenmedium Fernsehen auseinander. Reizüberflutung und die Allmacht der Medien wurden von ihm ebenso vehement kritisiert wie die Darstellung von Scheinwelten und die Manipulation der Menschen durch Medien.

Positive Eigenschaften des Fernsehens wie die Partizipation aller Bürger an Informationen (Demokratisierung) oder der Meinungsvielfalt wurden von ihm zwar gesehen, standen jedoch im Schatten der gravierenden Nachteile.

Angesichts von „Daily Soaps“, „Telenovelas“, „Castingshows“, „Big Brother“ und Co. sowie immer aggressiver werdenden Werbemethoden (z.B. die als Untertitel eingeblendeten Werbetexte) bleiben die Ideen von Postman durchaus aktuell.

Die „behütete“ Kindheit gibt es nach seiner Einschätzung nicht mehr. Stattdessen werden Kinder immer mehr zu „kleinen Erwachsenen“, wie er an Beispielen zu dokumentieren versucht. Kinder tragen ähnliche Kleidung wie Erwachsene, gleichen sich in Stil und Ästhetik immer mehr an und sehen die gleichen Filme.

Es stimmt durchaus nachdenklich, wenn Postman bereits in den Achtzigerjahren vor einer „Trivialisierung der Gesellschaft“ durch die Fernsehsender warnt, deren primäres Interesse die Dauerberieselung mit leichter Kost zugunsten einer möglichst hohen Einschaltquote ist.

Postman provozierte und erntete heftige Kritik. Seine Diagnosen seien einseitig und verfälschend. Auch würde sich die Medientechnologie nicht so dramatisch entwickeln, wie von ihm vorhergesagt, schließlich gäbe es gesetzliche Regelungen. Unberechtigt ist die Kritik an seinen Thesen nicht, so verkennt er in seiner romantischen Verklärung der bürgerlichen Familie, dass dieses Modell in seinen starren Strukturen und dem einseitigen Fokus auf „eine heile Welt“ äußerst konfliktbeladen war.

Postman erkannte jedoch, welche Bedeutung das Fernsehen als „Leitmedium“ über alle Generationen hinweg hat.

In vielem erkennt man in Postman den „Bewahrpädagogen", der sich um die Erziehung der Kinder sorgt und die Gefahren der Medien in den Vordergrund stellt.

Brauchen wir wirklich Fernsehformate für Säuglinge? Wenn schon die Jüngsten vor dem „Babysitter" Fernsehen „geparkt" werden, könnte dies fatale Auswirkungen für die weitere Entwicklung der Kinder haben.

Säuglinge stellen den Blickkontakt zur Mutter her, halten ihn aufrecht, um damit eine Nähe zur Bezugsperson herzustellen, was wichtig ist, da sie in den ersten Wochen und Monaten in ihrer Bewegung sehr eingeschränkt sind. In vielen Untersuchungen konnte gezeigt werden, wie sehr Säuglinge irritiert sind, wenn Mütter ausdruckslos bleiben, also keine Mimik auf ihren Blickkontakt zeigen und gegebenenfalls überhaupt nicht auf ihr Kind reagieren. Untersuchungen mit Kindern, deren Mütter depressiv sind und daher mit ihren Kindern nur eingeschränkt kommunizieren konnten, zeigten Fehlanpassungen (vgl. Theunert, Bilderwelten, 2006, S. 76). Kinder benötigen von Geburt an einen sozialen Austausch und sind darin selbst aktiv (z. B. über Augenkontakt). Damit das Kind die Informationen von außen verarbeiten und strukturieren kann, braucht es eine „optimale Dialogstruktur" zwischen Mutter und Kind und in Beobachtungen konnte man nachweisen, dass es eine solche „Struktur" gibt. Ganz wesentlich ist dabei die prompte, also direkte Reaktion der Mutter auf eine Handlung des Kindes. Normalerweise wird diese „Kontingenz" von Eltern intuitiv ausgeübt. In Fällen, in denen diese Kontingenzen ausbleiben, reagieren Kinder in der Regel mit Schreien.

Wie wirkt sich nun Fernsehkonsum in der frühen Entwicklung aus? Dabei konnte festgestellt werden, dass die Entwicklung der Sprachkompetenz von Kindern im Alter von null bis drei Jahren, die ausgiebig fernsehen, leidet. Tests brachten hervor, dass diese Kinder deutlich mehr Fehler in der Zuordnung von Wort und Bild machten. Auffallend waren besonders die nicht unerheblichen Fehlleistungen im flexiblen Umgang mit der Sprache (vgl. Theunert, Bilderwelten, 2006, S. 70 ff.).

Die Entwicklungspsychologie interpretiert diese Ergebnisse so, dass durch den Fernsehkonsum in der frühen Entwicklung der Kinder die Zusammenhänge zwischen den Bildern und den eigenen sprachlichen Ausdrucksformen nur rudimentär entwickelt werden. Kinder mit hohem Fernsehkonsum sind in der eigenen Sprachentwicklung gehemmt und verfügen über deutlich weniger Begriffsstrukturen als Kinder, die kaum bis gar nicht fernsehen. Frühkindliche Fernsehformate (z. B. Teletubbies) sind genauso wenig geeignet, sie verstärken diesen Effekt eher noch, weil den Eltern suggeriert wird, Fernsehen sei für die Jüngsten entwicklungsfördernd.

Anders sieht die Forschungslage bei Kindern im Alter von drei bis fünf Jahren aus: So können auch positive Effekte bei der Sprachentwicklung nachgewiesen werden – wie „Die Sendung mit der Maus“ oder „Sesamstraße“ zeigen, die sich an diese Altersgruppe richten.

Im Alter von drei Jahren ist die Sprachkompetenz in gewissen Grundzügen erworben. Die Aneignung ist noch stark von Bildern geprägt, Vorschulkinder lassen sich daher auch leicht von Bildern täuschen (z. B. Werbung) und können (noch) nicht mehrere Aspekte einer Situation reflektieren, sind überfordert, Widersprüche selbst zu lösen, weil ihre kognitiven Kompetenzen noch nicht ausgereift sind.

Pädagogisch-didaktische Kindersendungen wie „Sesamstraße“ oder „Die Sendung mit der Maus“ haben es sich zur Aufgabe gemacht, Kinder dieser Altersgruppe schrittweise an Problemlösungen heranzuführen. Auch hierzu gibt es eine Reihe von Untersuchungen, die belegen, dass diese Sendungen zweifelsohne positiv dazu beitragen, Problemlösungen zu erkennen (vgl. Theunert, Bilderwelten, 2006, S. 81).

In einer amerikanischen Untersuchung (Borzekowski und Robinson 2005, in Theunert, Bilderwelten, 2006, S. 71) von 1000 Kindern im Alter von neun bis zehn Jahren konnte nachgewiesen werden, dass Schüler, die in ihrem Zimmer keinen Fernseher hatten, in mathematischen und sprachlichen Tests besser abschnitten als solche mit Fernseher im Zimmer. Interessant ist in diesem Zusammenhang: Hatten die Schüler keinen Fernseher, wohl aber einen Computer im Kinderzimmer stehen, schnitten sie noch besser ab.

Manfred Spitzer, ein bekannter Mediziner und Neurowissenschaftler, sorgte 2005 in seinem Buch „Vorsicht Bildschirm" für heftige öffentliche Diskussionen.

Eine seiner provokantesten Thesen geistert bis heute in den Medien herum: „Fernsehen macht dick, dumm, gewalttätig." Viele Medienpädagogen teilen seine provokativen Zuspitzungen nicht, werfen ihm vor, sich selbst medienwirksam in Szene gesetzt zu haben und durch die Zuspitzung die sachliche Ebene verlassen zu haben. Für die Begründung seiner Thesen stützt sich Spitzer auf nationale und internationale Forschungsergebnisse und auf die neuesten Erkenntnisse der Gehirnforschung.

Einen bestimmenden Teil seines Buches widmet er den Gefahren, die von den Gewaltszenen im Fernsehen und den Gewaltspielen ausgehen.

Unstrittig ist, dass die Fettleibigkeit bei Kindern in Deutschland zunimmt, deren Gründe in falscher und ungesunder Ernähung und zu wenig Bewegung liegen. Spitzer sieht dies im Medienkonsum begründet, weil die Kinder mehr Zeit mit Bildschirmmedien verbringen und damit weniger Zeit für Sport haben.

„Allein durch den Fernsehkonsum von Kindern und Jugendlichen werden im Jahr 2020 in Deutschland etwa 20 000 Menschen an den Folgen von Übergewicht sterben …“ (vgl. Spitzer, Vorsicht Bildschirm, 2005, S. 48).

Ungeachtet der medialen Aufmerksamkeit, die er damit erzielte, ließ die berechtigte Kritik an seinem Buch nicht lange auf sich warten. Spitzer stützt sich bei seinen Berechnungen auf unterschiedliche Daten, die er miteinander kombiniert. Eine Studie, die seine Zahlen stützt, gibt es nicht. Auch geht er davon aus, dass der Fernsehkonsum weiter ansteigen wird. Das ist nun aber – wie die KIM- und JIM-Studie belegen – nicht der Fall. Erwiesen ist übrigens, dass übergewichtige Kinder nicht mehr Zeit vor dem Fernseher verbringen als Kinder mit einem durchschnittlichen Gewicht. Die These „Fernsehkonsum führt zu Fettleibigkeit“ wäre damit mehr als in Frage gestellt.

„Fernsehen macht dumm“ war eine weitere These von Spitzer, die bis heute kontrovers diskutiert wird. Hierzu führt Spitzer eine Studie aus Neuseeland an, in der Kinder über einen Zeitraum von 25 Jahren untersucht wurden. Das Ergebnis der Studie sagt aus, dass Kinder, die mit fünf Jahren weniger als eine Stunde täglich fernsehen, häufiger einen Hochschulabschluss erhielten als jene, die über drei Stunden täglich fernsehen. Weiter führt er an, dass das Fernsehen negative Auswirkungen auf das Leseverhalten hat. Nach seinen Erkenntnissen würden diejenigen Kinder, die viel fernsehen, langsamer und schlechter lesen (vgl. Spitzer, Vorsicht Bildschirm, 2005, S. 133 ff.), die Schulleistungen leiden durch den Medienkonsum, wobei er den Fernsehkonsum besonders kritisch bewertet, weil durch die emotionalen Fernsehbilder das Gelernte vom

Vor- und Nachmittag verdrängt wird. Das klingt auf den ersten Blick plausibel und nachvollziehbar; bei näherer Betrachtung wird man jedoch zumindest berücksichtigen müssen, dass dies auch eine Anfrage an die Schulen ist, wie sie die Lerninhalte darstellen. Lerninhalte, die interessant und emotional anregend vermittelt werden, die didaktisch gut aufgearbeitet sind, bleiben besser gespeichert als „langweiliger" Unterricht. Der abendliche Fernsehkonsum muss nicht zwangsläufig das Gelernte überlagern.

Die These von einer „verdummenden Gesellschaft" lässt sich wissenschaftlich nicht halten. Die Frage ist nach wie vor offen: Verdummen wir, weil unser Fernsehkonsum zu hoch ist, oder ist es unsere „Dummheit", die zum erhöhten Fernsehkonsum führt?

Zustimmen wird man Spitzer, dass exzessiver Medienkonsum für Kinder nicht förderlich ist. Bei allem Verständnis für die berechtigten Kritikpunkte, die Spitzer in seinem Buch detailreich herausarbeitet, eine Kausalität zwischen Medien und Fettleibigkeit oder Dummheit kann man nicht herstellen.

Die Tätigkeiten der Kinder und Jugendlichen in ihrer Freizeit sind eben nicht nur auf die Bildschirmmedien ausgerichtet. Damit sollen nicht den Folgen eines ausufernden Medienkonsums kleingeredet werden, den „Babysitter" Fernsehen sollte man tunlichst vermeiden und die Qualität der Programme ist sicher verbesserungsbedürftig.

Ich komme damit wieder zu meiner Ausgangsthese zurück: Den sinnvollen Umgang mit Fernsehen und Co. müssen Kinder lernen: Eltern wie Pädagogen sind gleichermaßen aufgerufen, Angebote, Initiativen und Konzepte zu entwickeln.

Die Fantasiekräfte der Kinder werden bis etwa zum siebten Lebensjahr ausgebildet und mit der Schulreife kann das Kind konzentriert lernen. Lernen meint in diesem Kontext Zahlen behalten, Buchstaben zu Wörtern formen und diese schreiben können.

Das Fernsehen kann nur eingeschränkt die Fantasiekräfte und die Gedächtnisleistung anregen. Für kleinere Kinder bis 3 Jahre sollte das Fernsehen daher tabu sein. In diesem Alter sind Bilderbücher das bessere und effektivere Medium.

Ab dem dritten Lebensjahr können Kinder dosiert fernsehen. Sendungen wie „Sesamstraße", „Sendung mit der Maus" oder „Löwenzahn" sind nicht länger als 30 Minuten und für diese Altersgruppe grundsätzlich geeignet. Am besten ist es, wenn Eltern gemeinsam mit ihren Kindern diese Sendungen anschauen. Schwieriger wird es, wenn mehrere Kinder in einer Familie leben, denn: Häufig sehen jüngere Kinder bei den älteren mit, wobei die jüngeren oft mit den Sendungen überfordert sind und zu lange fernsehen. Dann ist es Aufgabe der Eltern, für angemessene Regelungen zu sorgen. In der Praxis bewährt hat sich beispielsweise das vorherige gezielte Auswählen einer Sendung für die Kinder.

Besonders an Wochenenden steigt der Konsum gerade bei jüngeren Kindern überdurchschnittlich an. Erzieher wie Lehrer beklagen zusehends, dass Kinder unkonzentriert und schläfrig wirken und ihre Medienerlebnisse vom Wochenende mitteilen müssen. Die Nachteile des Fernsehens für jüngere Kinder überwiegen deutlich dessen mögliche Vorteile. Die Frage eines eigenen Fernsehers im Kinderzimmer stellt sich deshalb wohl frühestens nach dem vierzehnten Lebensjahr.

Weil Kinder individuell verschieden sind, müssen die Regelungen auch individuell getroffen werden. Stundenlanges Fernsehen ist aus pädagogisch-erzieherischer Perspektive ebenso wenig sinnvoll wie radikale Fernsehverbote.

3. Wie Handys unser Leben verändern

„Ich bin gerade aus dem Zug gestiegen, gehe nun zum Imbissstand und bin in zehn Minuten zu Hause“, so oder ähnlich schallt es vielfach an Bahnhöfen. Das Handy verändert heutzutage die Grenzen zwischen Privatheit und Öffentlichkeit wie noch nie zuvor. Müssen wir vom Sitznachbarn wissen, welche Umsatzzahlen das Unternehmen für 2010 anvisiert und wie das Abendessen mit den Geschäftskunden gewesen ist? Ist es da überraschend, wenn in den Zügen handyfreie Waggons ausgewiesen werden? Doch nicht nur das Telefonieren an öffentlichen Plätzen in aller Lautstärke ist für viele Menschen ein Ärgernis, es geht noch schlimmer, wenn beispielsweise ohne Zustimmung der Beteiligten per Handy Videoaufnahmen gemacht werden, die später im Internet zu sehen sind. Sind das Ausnahmen? Leider nicht. Da machen sich Leute auf Kosten anderer einen Spaß, und das Internet ist voll mit solchen Videos.

Eine weitere Erscheinung ist die „Abzocke“ von Kindern und Jugendlichen mit angeblich günstigen Handyverträgen, die sich im Nachhinein als äußerst kostspielig herausstellen. Zwar konnten die Verbraucherschutzzentralen in einigen Fällen helfen, es gab und gibt aber auch viele Fälle, in denen die horrenden Kosten bezahlt werden mussten. Diese Geschäftemacher versuchen mit allerlei Tricks, die Kunden dazu zu bringen, teure SMS-Dienste und Rufnummern zu wählen. Die Masche ist simpel und doch effektiv: Angebliche Bekannte schicken eine SMS und fordern zur Rückmeldung auf. Antwortet der Jugendliche darauf, landet er meistens in Chats mit teueren Folgekosten. Eine andere Masche ist es, Jugendliche per SMS aufzufordern, eine bestimme Nummer zu wählen, da er/sie angeblich einen Preis gewonnen habe. Den Gewinn gibt es zwar nicht, dafür aber eine happige Telefonrechnung.

Das Versenden einer SMS ist in der Regel kostengünstig, bei den Abzockern handelt es sich jedoch nicht um herkömmliche SMS, sondern um sogenannte „Premium SMS", die zwischen zwei und fünf Euro pro Stück kosten. Die Preisstaffelung ist hier selbstverständlich nach oben offen.

Die Kostenfalle Handy ist durchaus real und so mancher Jugendlicher hat schon einmal ungewollt ein Abo per SMS abgeschlossen. Die Anbieter sind zwar gesetzlich verpflichtet, Kosten für eine Premium-SMS (ab zwei Euro) ebenso wie für den Abschluss eines Abos anzugeben, diese Informationen werden jedoch gerne so unauffällig wie möglich dargestellt. Man sollte daher diese Angebote immer sehr aufmerksam prüfen.

Trotz dieser Risiken: Handys sind aus dem Alltag nicht mehr wegzudenken und nicht nur bei Jugendlichen die täglich genutzten multimedialen Kommunikationsinstrumente.

„Nichts geht ohne mein Handy"

Bereits 44 Prozent der sechs- bis 13-jährigen Kinder können ein Handy ihr Eigen nennen und schon ein Sechstel der Sechs- bis Siebenjährigen verfügen über ein Mobiltelefon. Juristisch betrachtet gehören die Handys den Erziehungsberechtigten, insofern gehen auch die Angaben zwischen Erziehungsberechtigten und Kindern über den Besitz in der KIM-Studie etwas auseinander (vgl. KIM-Studie, 2006, S. 49).

Wer ein Mobiltelefon besitzt, benutzt es auch. Über 80 Prozent von Deutschlands Kindern erhalten im Durchschnitt einen Anruf pro Woche.

Bei der Handynutzung stehen an erster Stelle SMS-Nachrichten: 85 Prozent erhalten mehrmals pro Woche Kurzmitteilungen und 78 Prozent der Jugendlichen versenden solche. Danach folgt das Telefonieren (79 Prozent werden angerufen, 63 Prozent rufen an), 40 Prozent nehmen Filme und Fotos auf.

Beim Nutzungsverhalten lassen sich Unterschiede zwischen Jungen und Mädchen beobachten: Letztere nutzen die Funktion der SMS intensiver und fotografieren mehr, Erstere spielen häufiger und verwenden die technischen Features (vgl. JIM, 2007, S. 57).

Wie gut die Jugendlichen untereinander vernetzt sind, zeigt die Anzahl der eingespeicherten Telefonnummern: Die Zwölf- bis 13-Jährigen haben 54 Nummern in ihrem Handy eingespeichert, bei den Zwölf- bis 19-Jährigen sind es im Durchschnitt 78 Einträge – mit fortschreitendem Alter erhöht sich auch die Anzahl der Nummern (vgl. JIM, 2007, S. 59).

Durch den sukzessiven Ausbau der Telefonnetze konnten immer größere Datenmengen über das Internet übertragen werden. Solange die Telefonkosten minutengerecht abgerechnet wurden, achteten Eltern genau darauf, wie lange telefoniert wurde. Seit es Breitbandzugänge (DSL) und „Flatrate-Tarife“ gibt, sind die Telefonkosten kalkulierbar und in vielen Fällen unabhängig von der Zeittaktung kostengünstig.

Ist das Handy eingeschaltet, sind die Besitzer dauerhaft erreichbar, allerdings weiß der Anrufer nicht, wo sich sein Gesprächspartner gerade befindet. Viele Eltern kaufen ihren Kindern daher ein Handy, in der Erwartung, nun zu wissen, wo sich ihre Sprösslinge aufhalten. Das Handy dient den Eltern zur Sicherheit, jederzeit mit ihren Kindern Kontakt aufnehmen zu können. Sie vergessen dabei, dass diese Sicherheit trügerisch ist, wenn ihre Kinder falsche Ortsangaben mitteilen und sich so der Kontrolle entziehen. Um dennoch den Aufenthaltsort erfahren zu können, gibt es inzwischen die Ortsbestimmung (z. B. www.trackyourkid.de) über das Internet. Allerdings ist diese Form der Überwachung pädagogisch höchst zweifelhaft.

Der Sicherheit und Beruhigung dient es aber auf jeden Fall, wenn Kinder und Jugendliche, z. B. bei Verspätungen oder anderen Problemen, die Eltern informieren können.

Als digitales Medium ist das Handy vielseitig einsetzbar und Telefonieren nur eine unter mehreren Funktionen. Selbst Grundschulkinder „simsen" (SMS) und fotografieren mit dem Handy, laden Klingeltöne herunter oder installieren Handy-Spiele. Durch die mobilen Internetzugänge können sie jederzeit online sein und im Internet surfen. „Handy-Kids" oder „Generation SMS" sind treffende Begriffe für die Kindergeneration des 21. Jahrhunderts.

94 Prozent der Zwölf- bis 19-Jährigen verfügen über ein eigenes Handy, man kann daher durchaus von einer Vollversorgung sprechen (vgl. JIM, 2007, S. 55), wobei Mädchen sogar etwas besser ausgestattet sind als Jungen.

Was ist sinnvoller – Prepaidhandy oder Vertrag? Die Prepaidkarte für das Handy ist im Vergleich zum Vertrag in der Regel etwas teurer, hat jedoch den Vorteil, dass die Kosten besser kontrollierbar sind. Mit zunehmendem Alter werden immer mehr Handyverträge abgeschlossen, bei den volljährigen Jugendlichen sind es fast 50 Prozent. Die durchschnittlichen Kosten für die Handynutzung pro Monat liegen bei knapp unter 20 Euro, immerhin geben acht Prozent der Handybesitzer mehr als 50 Euro pro Monat aus.

Meistens bekommen die Kinder das erste Handy von den Eltern geschenkt, die in der Regel schon Handy-Nutzer sind. Bei der Handynutzung gibt es keine Benachteiligung aufgrund des Bildungshintergrunds oder der Schulform der Kinder. So ist an Haupt- und Realschulen das Handy teilweise populärer als an Gymnasien.

Dass Handys mittlerweile ein Statussymbol sind, zeigt sich an den Handymarken und Modellen. Die Individualität der Mobiltelefone drückt sich durch Aufkleber und Verzierungen aus. Auch die großen Telefonhersteller passen sich dem Trend zum individuellen Handy an: Pinke Handyschalen mit glitzernden Schmetterlingen für die Mädchen, ein matt schwarzes Handy für die männlichen Nutzer.

Seit ein paar Jahren ersetzen Handys bereits andere multimediale Geräte: So verfügt nahezu jedes Handy heutzutage über einen integrierten MP3-Player, die Sonderfunktion „Radio" wird ebenfalls immer beliebter. Die KIM-Studie dokumentiert diese Entwicklung: 58 Prozent aller Kinder hören über ihr Handy die im MP3-Format gespeicherte Lieblingsmusik, jeder zweite nutzt regelmäßig den Lieblingsradiosender über das Handy.

Bereits 80 Prozent aller Handys verfügen über eine integrierte Kamera und sind internettauglich. Durch die integrierte Kamera können Fotos geschossen oder minutenlange Filme aufgenommen werden. Das klingt nicht nur verführerisch, sondern ist auf Deutschlands Schulhöfen weit verbreitet. Heimliche Mitschnitte von

Klassenkameraden oder anderen Personen in der Umkleidekabine oder anderen geschlossenen Räumen sind aber verboten (vgl. § 201a Abs. 1 Strafgesetzbuch). Anders verhält es sich mit Aufnahmen in Lokalen oder Klassenräumen, weil diese keine „geschützten Räume" im Sinne des Gesetzes sind. Wer Aufnahmen von anderen Personen macht, sollte sich vorher die Zustimmung der aufgenommen Person einholen. Denn: Es ist heute kinderleicht, die Videosequenzen auf den eigenen Computer zu überspielen und dann auf eine der zahlreichen Internetplattformen (z. B. YouTube) einzustellen. Das können heute schon Kinder unter zehn Jahren.

Mobbing, Gewalt und Pornografie – die andere Seite der Handynutzung

In einer Handy-Studie aus dem Jahr 2007 gaben über 90 Prozent der Befragten an, schon von pornografischen und Happy-Slapping-Videos (Aufnahmen von z. B. verharmlosenden Gewaltszenen mit dem Handy) gehört zu haben. Immerhin knapp über 40 Prozent hatten diese Videos (und mehr als 25 Prozent in der Altersgruppe der Zwölf- bis 13-Jährigen) auf dem Handy gesehen (vgl. Grimm/Rhein, Slapping, Bullying, Snuffing! 2007, S. 107). Auch wenn es bislang nur wenige Jugendliche sind, die diese Videos anderen zeigen, sie kursieren auf Schulhöfen, in der Clique und in Jugendgruppen. Befragt man die Jugendlichen nach ihren Motiven, so werden in erster Linie „Mitreden" und „Dazugehören" genannt.

Immerhin schon zehn Prozent der Sechs- bis 13-Jährigen haben „seltsame oder unangenehme Sachen" auf das Handy geschickt bekommen (vgl. KIM-Studie,

2006, S. 51). Meistens handelt es sich dabei um Kaufangebote, doch schon an zweiter Stelle wurden von den Kindern in der Studie sexuelle Angebote angegeben.

Im Vergleich zu den Vorjahren haben Gewalt- und Pornovideos zugenommen.

Versehentlich Verträge abgeschlossen oder eine Bestellung per Handy aufgegeben haben 14 Prozent aller Zwölf- bis 19-Jährigen in Deutschland (vgl. JIM, 2007, S. 56).

Immer häufiger gibt es Fälle, in denen schon Kinder Opfer von heimlichen Videoaufnahmen werden. Und aus Angst, die Eltern könnten ihnen das Handy wegnehmen, schweigen sie lieber.

Äußerungen wie „Mein Kind tut so etwas nicht" widersprechen leider der Realität und bestätigen, dass Eltern oft nicht wissen, wie ihre Kinder Handy und Internet benutzen.

„Snuff-Videos" (to snuff: sterben), „Tasteless-Darstellungen" (tasteless: geschmacklos) oder „Happy Slapping" („fröhliches Schlagen") sind Begriffe, die zusehends bekannter werden und zeigen, welche Gefahren auch in der Handynutzung enthalten sind. „Snuff-Videos" sind filmische Darstellungen von Folter, einer Exekution, eines Mordes und man muss davon ausgehen, dass diese Aufnahmen authentisch sind.

„Mobile bullying" oder „cyber bullying" werden synonym verwendet und sind Videoaufnahmen oder Fotos, die in der Regel Mitschüler in peinlichen Situationen zeigen. Hier kann man durchaus von Mobbing sprechen, wenn solche Videos im Internet verbreitet werden.

Jugendliche gelangen an diese Filme durch das Internet oder erstellen sie selbst. Weil die modernen Handys mit einer Infrarotschnittstelle oder Bluetooth ausgestattet sind, können sie die Videos einfach und kostenlos verbreiten.

Die Motive, diese Videos anzuschauen, sind unterschiedlich: Einige finden es einfach „cool“, andere sehen es als „Mutprobe“ und wieder andere machen mit, um nicht selbst „Opfer“ zu werden. So dienen diese Filme als Beweis für andere, man ist „stark“ und gehört nicht zu den Opfern. Doch auch Demonstration von Macht und soziale Anerkennung sind Motive.

Der Begriff „Happy-Slapping“ verharmlost Gewalt und suggeriert, dass es sich um einen Scherz handelt, während es sich jedoch meist um gezielte Prügeleien von Jugendlichen handelt, die bewusst provoziert wurden.

Bereits das Versenden von gewaltverherrlichenden Bildern oder die Verletzung der Menschenwürde zur Belustigung sind verboten. Es muss uns sehr nachdenklich stimmen, wenn bereits 29 Prozent der Jugendlichen gesehen haben, wie eine Prügelei mit dem Handy aufgenommen wurde.

Neben den Vorteilen, die moderne Handys haben, sollte also nicht vergessen werden, dass mit ihnen gemobbt, verleumdet und belästigt werden kann. Polizei und Jugendschützer sind ständig im Internet unterwegs und suchen nach solchen Aufnahmen. Die Grenze zwischen dem Schützen von Jugendlichen (Jugendmedienschutz) vor solchen Videoaufnahmen und den polizeilichen Ermittlungen verschwimmt in der Praxis immer mehr, weil Täter zu Opfern und Opfer zu Tätern werden.

Man muss befürchten, dass Jugendliche bestimmter „Risikogruppen“ gefährliche Handyformate wie „Happy Slapping“ konsumieren und damit angeregt werden, diese selbst zu produzieren oder als Anleitung für eigenes Verhalten zu interpretieren.

Der extreme Grad an Grausamkeit bei diesen Aufnahmen kann bei Kindern zu massiven Ängsten führen, desensibilisierend („das ist doch normal“) wirken und muss aus Sicht des Kinder- und Jugendschutzes verboten werden.

Die Gründe, warum gerade Handys für Beleidigungen, Bedrohungen, Erpressungen und Mobbing ausgewählt werden, sind einerseits ihre Mobilität (Handys haben in Deutschland fast überall einen Empfang), anderseits sind sie unauffällig, sodass heimliche Videoaufnahmen erstellt werden können.

Weil das direkte Herunterladen von Fotos und Videos aus dem Internet auf das Handy kostenträchtig und nicht wirklich bequem ist, nutzen viele den heimischen Computer, um die Daten auf das Handy aufzuspielen. Um Videos und Bilder auf dem Schulhof weiterzugeben (von Handy zu Handy), bevorzugen viele die kostenlose Übertragung, mit Infrarot oder Bluetooth. Das hat den positiven Nebeneffekt für die Schüler, Aufnahmen schnell verbreiten zu können.

Im Kontext der Medienkonvergenz (Zusammenwachsen der Medien) und der „Handyproblematik" müssen Computer und Internetverbindungen bei der Prävention mitberücksichtigt werden.

Zweifelsohne erfüllt das Handy im Medienalltag der Kinder und Jugendlichen viele nützliche Aufgaben und viele haben eine „emotionale" Bindung an ihr Handy, was sich unter anderem im individuellen Outfit der Geräte niederschlägt.

Gleichwohl dürfen auch die sozialen Folgen nicht ausgeblendet werden; wenn im Internet diese Gewaltvideos oft angeklickt und heruntergeladen werden, kann dies zu Nachahmungen verleiten und zu einem Wettlauf führen, immer grausamere und brutalere Aufnahmen zu machen, nach dem Motto, besser Täter als Opfer zu sein.

Handyverbote dürften auf Dauer pädagogisch wohl nicht greifen. Gespräche über die Motive der Jugendlichen und die Vereinbarung von Regeln sind hier gewiss hilfreicher.

Technisch gesehen sind die Jugendlichen bei der Handynutzung in vielen Dingen „Experten“, was nicht heißt, sie sind „handykompetent“.

Brauchen Kinder und Jugendliche eine Handykompetenz?

Weil Handys nicht nur zum Telefonieren verwendet werden, eignen sich Kinder und Jugendliche meistens ohne die Eltern eine technische Handykompetenz an, die in vielen Fällen umfassender ist als die ihrer Eltern.

Offensichtlich managen Kinder und Jugendliche über Handys zusehends die Organisation ihrer Freizeit. Zeit- und Treffpunkte werden mal eben per SMS vereinbart. Feste Terminabsprachen in der Schule sind nun nicht unbedingt notwendig, was die individuelle Flexibilität von Kindern deutlich erhöht, da sie jederzeit und ortsunabhängig mit ihren Freunden in Kontakt treten können. Im Handy sind alle wichtigen Informationen gespeichert, von Geburtstagen der Freunde bis zu den Terminen von Partys oder anderen Events.

Die meisten Handys werden auch nachts nicht ausgeschaltet. Sie dienen als Wecker, verfügen über Erinnerungsfunktionen, können zum Musikhören genutzt werden und sind selbstverständlicher Teil des Lebensalltags von Kindern und Jugendlichen geworden.

Auch wenn bis jetzt noch nicht nachgewiesen werden konnte, inwieweit die elektromagnetischen Strahlen der Handys gesundheitliche Folgen nach sich ziehen, so kann eine Gefährdung nicht ausgeschlossen werden, die von Fachleuten für Kinder höher eingeschätzt wird als für Erwachsene.

Beim Kauf eines Handys kann man darauf achten, ein möglichst strahlungsarmes Gerät zu erwerben oder nur zu telefonieren, wenn der Raum nicht so stark abgeschirmt ist (wie es im Auto der Fall ist), bzw. einen Kopfhörer zu benutzen. Das eingeschaltete Handy nachts neben das Kopfkissen legen, um es als Wecker zu verwenden, sollte man jedoch vermeiden.

Jugendliche, die sich selbst als schüchtern bezeichnen, gaben in der JIM-Studie an, dass sie bei der SMS offener kommunizieren. Die Kommunikation per SMS bietet die ganze Bandbreite des Lebens von der sachlichen bis zur emotionalen, von der verletzenden bis zur liebesbezeugenden SMS. Die Kurzmitteilungen sind gespickt mit Abkürzungen (z.B. HDL = hab dich lieb), die es dem Außenstehenden schwer machen, die Nachricht (ohne einige Grundkenntnisse) zu verstehen.

Die SMS stellt auch den Kontakt über die Generationen hinweg dar. Zu den Eltern und Großeltern wird ebenfalls per SMS Kontakt gehalten. Vielleicht wählen Kinder und Jugendliche die SMS als Form der Kommunikation, weil Tippfehler toleriert werden und man sich bei einer SMS kurz fasst.

Für Kinder ab etwa zehn Jahren ist das Handy ein wichtiges Symbol für den Übergang in die Pubertät. Dass auch Handys ohne Guthaben genutzt werden, zeigen jüngere Kinder, die sich Klingeltöne vorspielen oder Handy-Spiele ausprobieren.

Den Kindern den Umgang mit dem Handy zu verbieten, ist sicher nicht der geeignete Weg zur Entwicklung einer „Handykompetenz". Besser ist es, im Gespräch zu bleiben, Interesse zu zeigen und konkret nachzufragen, wofür sie das Handy nutzen. Damit signalisieren Eltern Interesse an dem, was ihre Kinder tun, und können in einem weiteren Schritt auf rechtliche Hintergründe hinweisen und erklären, was nicht akzeptabel ist. Kinder und Jugendliche müssen wissen, dass es strafbar ist, pornografische Bilder und Gewaltvideos zu versenden, und sie dies nicht mit „pubertärer Angeberei“ verharmlosen können.

Interesse sollte nicht mit Kontrolle verwechselt werden, denn für viele Jugendliche ist das Handy ihr persönliches Eigentum. Gespeicherte SMS besitzen für Jugendliche einen hohen Intimitätscharakter, ähnlich einem Tagebuch.

Um das Interesse an den Kindern zu signalisieren, können den Eltern die folgenden Fragen helfen:

- Welche Funktionen sind für Kinder besonderes interessant?
- Haben Kinder bereits problematische SMS-Inhalte erhalten und gesehen?
- Was fasziniert Kinder an ihrem Handy?
- Welche Funktionen nutzen die Kinder besonders häufig?

Eltern können sich auch selbst über die Entwicklungen im Handybereich informieren und ihre Handykompetenzen ausbauen, indem sie ihre Kinder als „Experten“ anfragen. Das signalisiert nicht nur Interesse, sondern motiviert die „Experten“ und fördert sicher das Gespräch.

4. Im Sog der Computerspiele

Rote Ränder unter den Augen, aschfahles Gesicht und abgerissene Kleidung, so stellen sich viele Erwachsene süchtige Computerspieler vor. Wenn dieses Klischee zutreffen würde, müssten mehr als die Hälfte aller deutschen Kinder so aussehen. Gleichwohl haftet den Computerspielen – allen voran den „Ballerspielen" – etwas Verruchtes an. Da liegt ein Unbehagen zugrunde: Sollten unsere Kinder nicht besser „draußen" spielen als drinnen am Computer? Müssen es unbedingt diese „Ballerspiele" sein? Der Amoklauf 2009 in Winnenden führte zu der Diskussion, ob „Ballerspiele" nicht gesetzlich verboten werden sollten.

Computerspiele faszinieren Kinder, gehören zu ihren Lieblingsbeschäftigungen, wobei Jungen mehr spielen als Mädchen. Im Durchschnitt besitzen Kinder rund 13 Computerspiele, ein Drittel nennt als Spielzeit 30 Minuten täglich, die Hälfte bis zu einer Stunde, etwa jedes sechste Kind spielt mehr als eine Stunde am Tag. Die Unterschiede zwischen den Geschlechtern sind bei den Computerspielen besonders auffallend. Jungen kaufen öfter und mehr Computerspiele als Mädchen (vgl. KIM-Studie, 2006, S. 35). Die Entscheidung, was Kinder spielen dürfen, erfolgt gemeinsam durch Eltern und Kinder. 30 Prozent aller Kinder dürfen ihre Computerspiele allein aussuchen, bei 10 Prozent entscheiden nur die Eltern. Nicht ganz zwei Drittel der Kinder bekommen die Computerspiele vom Vater. Die Zahl von etwas über ein Viertel der Kinder (27 Prozent, vgl. KIM-Studie, 2006, S. 37), die nicht spielen, wird weiter schrumpfen.

Lernprogramme für Mathematik, Deutsch und Fremdsprachen sind für viele Kinder durchaus attraktiv, immerhin setzen sich 43 Prozent der Computernutzer mindestens einmal wöchentlich damit auseinander (vgl. KIM-Studie, 2006, S. 40). Die durchschnittliche Nutzung ist aber im Vergleich zu den Computerspielen mit weniger als einer halbe Stunde deutlich niedriger. Immerhin: Den meisten Kindern macht es Spaß, am Computer zu lernen.

Die Begeisterung für Computerspiele ist nicht nur eine Sache der Jungen, auch Mädchen interessieren sich für die Spielwelten – und das schon im Vorschulalter.

Mädchen bevorzugen Spiele um Soziales und Beziehungen, Jungen mögen starke und mächtige Helden, aber auch Sportspiele. Eingeteilt werden die Spiele in verschiedene Kategorien:

- Action-, Strategie-, Rollen- und Sportspiele: Im Mittelpunkt dieser Spieltypen steht der Sieg über den Gegner.
- Adventure-, Geschicklichkeits- und Intelligenzspiele: Ziel dieser Spiele ist es, die Rätsel mit Hilfe der eigenen Intelligenz zu lösen.
- Simulationsspiele: Hier werden geschichtliche oder reale Vorgänge des Lebens nachgespielt.

Auf Platz 1 in der Gunst der Computerspiele steht bei Jungen wie Mädchen die Simulation „Die Sims“. Auf dem zweiten Platz folgt bei den Jungen das Fußballspiel „FIFA“. Die Abenteuer von Harry Potter mit seinen Freunden stehen sowohl bei Mädchen wie bei Jungen hoch im Kurs.

Zu den beliebtesten Computergenres zählen generell Simulationsspiele (z. B. Sims), es folgen Strategiespiele

(z. B. Tetris, Die Siedler), Funspiele und Jump & Run-Spiele (z. B. Super Mario). Doch auch „Action" finden Kinder gut.

Nicht nur Eltern fragen sich, was diese Spiele so attraktiv macht, dass Heranwachsende viel Zeit, Geld und Energie darin investieren.

Die Hauptfaszination von Computerspielen besteht darin, dass Kinder Dinge tun können, zu denen sie sonst keinen Zugang haben. Sie fahren Autorennen, managen Zivilisationen, erobern Länder und Städte, fliegen durch das Weltall und bewegen sich als Zauberer, Magier oder Könige durch mittelalterliche Welten.

In Interviews nannten die Spieler als Motivation die Faszination, in eine „gefährliche virtuelle Welt" eintauchen zu können und sich dort behaupten zu müssen.

Dass Mädchen zwischen acht und 14 Jahren Entdecker-Rollen bevorzugen, in denen systematisches Denken und Fantasie gefragt werden, während gleichaltrige Jungen lieber kämpfen oder über ein Imperium herrschen, also Rollen übernehmen, in denen Gefahr und Strategie eine große Rolle spielen, lässt sich auf geschlechtsspezifische Merkmale zurückführen, die mit Anforderungen korrespondieren, die Schule, Gesellschaft und Kultur an die Heranwachsenden stellen. Actionspiele sind deshalb für Jungen besonders interessant, weil sie den Interessen und Neigungen von Jungen in diesem Lebensabschnitt besonders nahekommen und sie ihre männliche Rolle zum Ausdruck bringen können. Die Spiele bedienen sich dabei der Technikbegeisterung von Jungen durch die Verwendung moderner Waffengattungen oder Tabubrüche (z. B. Splatterspiele), nach dem Motto: Je ekliger, umso besser. Jugendliche können damit demonstrieren, dass sie ein „richtig harter Kerl" sind, dem so was nichts ausmacht. Eine weitere Faszination besteht für Jugendliche darin, eigene Machtfantasien auszuleben und sich durchzusetzen.

Dass bereits die Hälfte der Siebenjährigen regelmäßig am Computer spielt, zu denen auch die berüchtigten „Killerspiele" zählen, bereitet nicht nur Eltern Sorge. Wenn davon auszugehen ist, dass über 80 Prozent der Jugendlichen Spiele spielen, die für ihr Alter nicht geeignet sind, dann kann man nicht einfach zur Tagesordnung übergehen. Auch wenn noch keine Langzeituntersuchungen über die Wirkungen von Computerspielen auf das jugendliche Verhalten vorliegen, so gibt es doch belegte Hinweise auf negative Auswirkungen (vgl. Spitzer, Vorsicht Bildschirm, 2005).

Bis zum zehnten Lebensjahr gibt es für Kinder eine Vielzahl pädagogisch sinnvoller Spiele, danach wird das Angebot rar.

Bei der Nutzung von Computerspielen im Internet gibt es einen leichten Rückgang. 33 Prozent aller Zwölf- bis 19-Jährigen sind regelmäßige Spieler, die täglich oder mehrmals pro Woche spielen, wobei auch hier der Anteil der Jungen (49 Prozent) deutlich höher ist als der der Mädchen (16 Prozent, vgl. JIM, 2007, S. 34).

Onlinespiele waren vor Jahren noch die große Ausnahme, heute ist das Angebot fast unüberschaubar. Die kleinen Spiele für „zwischendurch" auf den diversen Spielportalen (z.B. www.jetztspielen.de) bieten einen Einstieg in die virtuellen Spielwelten und dienen dem Zeitvertreib.

Auf den Schulhöfen werden die Spielportale diskutiert, neue Spiele machen schnell die Runde, werden per SMS oder Instant Messanger verbreitet.

Waren es bisher die Eltern, die die Computerspiele aussuchten und diese bisweilen mit ihren Kindern spielten, entscheiden nun die Kinder, meistens ohne

Rücksprache mit den Eltern, welche Computerspiele sie spielen.

Mehr als 1500 neue Computerspiele erscheinen pro Jahr, viele gelangen über Internettauschbörsen auf die Computer der Kinder, nur ein Teil der Spiele ist gekauft.

Obwohl Eltern Vorbehalte gegenüber Computerspielen nennen und in ihnen potenzielle Gefährdungen sehen, wirkt sich das in der Medienpraxis nur selten aus. Die Kinder spielen häufig allein und ohne Aufsicht oder Rücksprache mit den Eltern. Gerade bei den Computerspielen klaffen Anspruch und Realität weit auseinander. Eltern wissen oft nicht, was ihre Kinder spielen. Mehr als die Hälfte der Eltern haben noch nie ein Computerspiel ihrer Kinder selbst gespielt (vgl. KIM-Studie, 2006, S. 63). Stattdessen verlassen sie sich auf die Altersfreigaben, weil sie glauben, diese würden einen guten Orientierungsrahmen bieten. Kaum zu glauben, aber wahr: Knapp einem Drittel der Eltern sind die Altersangaben bei den Computerspielen unbekannt (vgl. KIM-Studie, 2006, S. 63).

Es gibt anscheinend kaum einen Austausch zwischen Eltern und Kindern über deren Spielverhalten.

Wenn das Blut in Strömen fließt – Ego-Shooter

Umgangssprachlich werden Ego-Shooter „Killerspiele" genannt und sind eine Kategorie von Computerspielen, in der ein Spieler sich in einem dreidimensionalen Raum bewegt. Die Perspektive ist so gewählt, dass der Spieler an der ausgestreckten Hand seine Waffe sieht. Zu achten hat der Spieler auf genügend Munition und „Lebensenergie". Neben dem Einzelspielermodus ist der Mehrspielermodus sehr beliebt.

Gewalt scheint also in den Kinderzimmern präsenter denn je zu sein, im Fernsehen und nun auch am Computerbildschirm. Der Eindruck entsteht, dass die Anzahl der brutalen Computerspiele überhandnimmt, was zwar auf die Gesamtheit der Spiele nicht der Wirklichkeit entspricht, subjektiv von vielen Eltern aber so gesehen wird.

Nun könnte man einwenden, bestialisch werde doch auch in vielen Krimis und Romanen gemordet, da werden im Detail und mit äußerster Präzision Gewaltfantasien ausgelebt, mit dem Ziel einer „spannenden" Unterhaltung. Der eigentliche Unterschied zwischen Filmen, Romanen und Computerspielen besteht wohl darin, dass Eltern Letztere nicht wirklich einordnen können, sie dieses Genre kaum kennen, sich nicht damit beschäftigen und die Computerspiele nicht spielen. Die Spiele stellen für sie eine fremde und gefährliche Welt dar, was durch die furchterregenden Waffengattungen, die „Aliens" oder die realistisch anmutenden Kämpfe, weiter verstärkt wird. Computerspiele folgen eigenen Regeln, die vielen Erwachsenen fremd sind. Bei den „Ballerspielen" geht es primär um die Vernichtung eines virtuellen Gegners. Die Motive, sie zu spielen, sind verschieden; die Bandbreite reicht von der Freude, monströse Waffengattungen auszuprobieren, bis zum Glücksgefühl, als „siegreicher Terminator" aus der Schlacht hervorgegangen zu sein.

Die besondere Herausforderung für die Spiel-Entwickler besteht darin, die Anforderungen nicht zu komplex zu gestalten, um Frustrationen zu vermeiden, sie dürfen aber auch nicht zu niedrig angesetzt sein, damit das Spiel nicht langweilig wird. Man versucht das Dilemma zu lösen, indem die Spieler den Schwierigkeitsgrad einstellen können oder das Spiel „intelligent" ist und die Schwierigkeit mit den steigenden

Fähigkeiten und Fertigkeiten des Spielers steigt. Das „Eintauchen“ in das Spiel erfordert vom Spieler ein hohes Maß an Konzentration, den Spielfluss störende Umwelteinflüsse werden ignoriert.

Die Computerspiele sind so programmiert, dass die Spieler schon nach kurzer Zeit wissen, ob es ihr „Spiel“ wird.

Ist die Motivation hinreichend, beginnt eine „Testphase“, in der das Spiel ausprobiert wird. Die Spieler sammeln erste Erfahrungen, entdecken die Tücken des Spiels, navigieren mit der Spielfigur und bekommen einen Eindruck, ob das Spiel das hält, was es verspricht. Vom ersten Ausprobieren bis zum vertiefenden Spielen entwickelt sich ein dynamischer Prozess, der sich nicht an exakten Zeitvorgaben feststellen lässt. Vertiefendes Spielen bedeutet, die Spieler sind in der Spielwelt „gefangen“.

Der Spielabbruch kommt, wenn der Frust zu hoch ist, weil es nicht gelingt, das Spiel unter Kontrolle zu bekommen. Wird das „Level“ oder Spiel erfolgreich abgeschlossen, stellen sich positive Gefühle ein, die motivieren, ein neues Spiel zu spielen, einen höheren Schwierigkeitsgrad bzw. das nächste „Level“ auszuwählen.

Eine „Sogwirkung“ kann in beiden Fällen auftreten: Gelingt es nicht, das nächste Spiellevel zu erreichen, führt dies zu Frustrationen, was den Ehrgeiz anstacheln kann. Bei einem positiven Verlauf will man es gleich noch mal probieren. Im Verlauf des Spielens durchlaufen die Spieler beide Phasen, die auf ihre unterschiedliche Weise dazu beitragen, dass sie sich nicht vom Spiel trennen können.

Entwicklungspsychologisch sind „Ballerspiele“ eng mit der Inszenierung von Männlichkeit verbunden, was für Jungen in der Pubertät typisch ist. Bei diesen

Computerspielen können sie zeigen, wie sie im Einzelkampf mit dem blutrünstigen Gegner fertig werden, wie sie ihn taktisch und kämpferisch besiegen.

Daher überrascht es nicht, dass gerade bei diesem Spieltyp der Mehrspielermodus besonders beliebt ist. Spielen wird so zum Gemeinschaftserlebnis und Siege stärken die Anerkennung der Gruppe. Gleichzeitig vermitteln diese Spiele Botschaften, Handlungsanleitungen sowie Rollenzuweisungen, die durchaus als jugendgefährdend eingestuft werden müssen.

Nicht die Computerspiele an sich sind denn auch für den Computerspiele-Journalisten Thomas Feibel das eigentliche Problem, sondern die Tatsache, dass Kinder nicht richtig oder überhaupt nicht an Computerspiele herangeführt werden.

Ego-Shooter sind in der Struktur einfach aufgebaut, das Regelwerk ist relativ simpel, die Programmierung jedoch aufwändig, weil die Waffengattungen realitätsnah sein sollen. Die Bezüge zur Wirklichkeit sollen den Spieler ebenso motivieren wie die konsequente Ich-Perspektive und werden durch den Erfolgsdruck, um „Leben und Tod“ zu kämpfen, weiter angeheizt.

Die Gefahren dieser Spiele liegen auf der Hand, wenn persönliche Realitätsbezüge schwinden, Konflikte aus dem realen Leben mit denen der Spielwelt gleichgesetzt werden und Verhaltensweisen der virtuellen Welt übertragen werden.

Bei den Online-Rollenspielen (z.B. World of Warcraft) spielen Teams gegeneinander. Die Aufgaben können daher häufig nur im Team gelöst werden, Meetings zu festgelegten Zeiten sind unausweichlich, das erzeugt zwangsläufig einen gewissen Gruppendruck. Sorge bereitet die von den Spielen ausgehende Faszination, mit der Folge, dass sich Kinder und Jugendliche nächtelang in den Online-Spielwelten aufhalten.

Auch im sprachlichen Austausch (z. B. Foren, Chats) gibt es Hinweise, dass die Grenzen zwischen dem Einsatz der Waffen im Spiel und der Wirklichkeit aufgebrochen sind. Auch wenn man in Deutschland nicht unbedingt von einer „Verrohung der Gesellschaft“ sprechen kann, so gibt es Tendenzen im Umgang miteinander, die sehr fragwürdig sind, und die Art und Weise, wie Kinder und Jugendliche im Internet kommunizieren, sollte uns nicht gleichgültig sein.

Spielplatz Internet

Mit mehr als 10 Millionen Spielern ist World of Warcraft das größte Online-Rollenspiel der Welt. Die Spieler zahlen monatlich Geld dafür, dass sie in eine virtuelle Identität schlüpfen können. Etwa 17 Stunden wöchentlich spielen die meist männlichen Spieler ihre digitale Rolle, als Magier oder Priester, Krieger oder Handwerker.

Sind diese Menschen alle als spielsüchtig einzuschätzen? Was treibt sie an, dass sie Stunden, Tage und Nächte in dieser virtuellen Welt leben?

Mühsam und oftmals über Monate hinweg entwickeln die Spieler das „Greenhorn“ (die erste Spielfigur) zu einem mächtigen Zauberer oder einem beeindruckenden Kämpfer. Die Motivation heißt Erfolg in Form von „Gold“ (finanzieller Anreiz), entsprechend hoch ist die Identifikation mit der Spielfigur. Welche Ausmaße World of Warcraft angenommen hat, zeigen die Profispieler, die im Internet ihre Spielfiguren an Hobbyspieler verkaufen. Erscheint das Onlinespiel auf den ersten Blick als Kampfspiel, ist dies nur ein Teil der Spielkultur. Nach dem Motto: „Gemeinsam sind wir stark!“ müssen sich die Spieler zu Gruppen (Gilden) organisieren.

Anders als bei den „Ballerspielen“ sind es nicht die Einzelkämpfer, sondern die Teams, die belohnt werden. Pausen gibt’s bei „World of Warcraft“ nicht, immer ist in dieser virtuellen Welt etwas los: ein Chat, eine neue Bekanntschaft, ein möglicher Aufstieg in der Rangordnung. Der zunehmende Realitätsverlust der Spieler ist denn auch eine der Gefahren und führt zu der Frage, wie eine Gesellschaft mit Spielern umgehen soll, deren eigentliches Leben ausschließlich in den virtuellen Welten stattfindet. Präventiv gefragt: Können wir was tun, damit es erst gar nicht zu so einem Verhalten kommt?

Um diese Fragen zu beantworten, sollten wir zunächst die Interessen und Motive von Kindern und Jugendlichen für die Spiele klären.

Spaß, Spannung, Stressabbau sowie das Bedürfnis „Beherrschen und Kontrollieren“ werden oft von den jugendlichen Spielern als Motive genannt.

Zu beobachten ist immer wieder, wie Spieler so im Spiel „gefangen“ sind, dass sie Raum und Zeit vergessen. Weder Hunger noch Müdigkeit können sie davon abhalten, mit dem Spielen aufzuhören.

Grundsätzlich gelten diese Spielverläufe auch für Online-Spiele und es ist wahrscheinlich, dass durch die enge Vernetzung der Spieler untereinander Verstärkungen hinzukommen, die eine Spielpause oder einen Spielabbruch weiter hinauszögern.

Die Spieldauer steigt, wenn sich soziale Kontakte entwickeln, wozu Online-Spiele wie „World of Warcraft“ ihren Beitrag leisten. Berechtigt ist die Sorge, die Spieler könnten sich in virtuellen Spielwelten verlieren und „süchtig“ nach immer neuen Gilden und Abenteuern werden. Dieses Gefühl steigt, wenn Computerspiele belastende Lebensumstände wie familiäre Probleme, schulische Schwierigkeiten oder finanzielle Nöte kompensieren. Welche Spiele gespielt werden, hängt nicht zuletzt vom sozialen Umfeld und dem familiären Bildungshintergrund ab.

Illegale Raubkopien, die entweder aus dem Internet „gesaugt“ oder von Freunden selbst gebrannt wurden, sind ein zusätzliches Problem. Die Heranwachsenden verstoßen nicht nur gegen herrschendes Lizenzrecht, schlimmer ist, dass durch die Raubkopien der Jugendschutz ausgehebelt wird: Kinder und Jugendliche gelangen so an Computerspiele, die für ihr Alter nicht geeignet sind.

Aus Sicht der Softwarehersteller sind die Wachstumspotenziale noch lange nicht ausgeschöpft, die Branche wird die Weiterentwicklung von Onlinespielen mit immer neuen Geschäftsideen vorantreiben, zumal die virtuellen Spielräume im Internet enorme Entwicklungspotenziale bieten.

Schon lange gibt es eine enge Verzahnung zwischen Spielsoftware- und Hardwareherstellern, denn die modernen 3D-Computerspiele stellen ganz andere Anforderungen an die Computerchips und Grafikkarten als eine Textverarbeitungssoftware. Ebenso gibt es Joint Ventures zwischen Filmindustrie und den Computerspielherstellern, um eine möglichst crossmediale Vermarktung zu erzielen, in dem zeitgleich mit dem neuen „Blockbuster“ das dazugehörige Computerspiel herausgebracht wird. Das ist scheinbar auch nötig, um die Investitionen von teilweise weit über 100 Millionen Dollar für einen aktuellen Topfilm wieder einzuspielen.

Wie gefährlich sind Computerspiele?

Auch wenn Computerspiele wohl eher Verstärker als Verursacher sind, die Gefahren für Kinder und Jugendliche müssen ernst genommen werden.

Die Aussage, es gebe bisher noch nicht genügend empirische Belege, wie Jugendliche diese Spiele in ihr Denken und Handeln integrieren, bedeutet im Umkehrschluss nicht, von diesen Spielen gehe keine Gefahr aus. Eine Vergleichbarkeit zwischen Fernsehen und Computerspielen ist aufgrund der Interaktivität nicht ohne Weiteres möglich.

Komplexe Computerspiele bieten dem Spieler viele verschiedene Spielverläufe, die Spieler können variieren, müssen eigene Entscheidungen treffen, diese zurücknehmen und eigene soziale Lebenswelten gestalten, das macht die Spiele so faszinierend.

Gleichzeitig fordern die Spiele eine hohe Aufmerksamkeit des Spielers und können erhebliche Stressreaktionen hervorrufen. Wer am Computer ein Autorennen spielt, kann sich vermutlich gut vorstellen, welche Stressreaktionen auftreten, wenn das Fahrzeug durch enge Kurven oder an tiefen Abgründen vorbei manövriert wird, während der Rivale direkt hinter einem fährt. Ein Fahrfehler und der Sieg ist verloren.

Anders als beim Film kommt die Hauptperson (Spieler) immer unbeschädigt aus der virtuellen Welt heraus, es ist dabei egal, wie viele Tode oder Verletzungen sein Protagonist erleiden musste.

Intensiv diskutieren Fachleute, ob durch Videospiele negative Inhalte (z. B. aggressives Verhalten) verstärkt oder gelernt werden. So ist zwischen einer kognitiven und affektiven bzw. Verhaltens-Ebene zu unterscheiden. Denn es ist ein großer Unterschied, ob Jugendliche sich aggressives Verhalten (kognitiv-affektiv) vorstellen oder es praktisch ausüben (Verhalten).

Die Forschung konzentriert sich zusehends auf diese Fragestellungen. Mit Blick auf langfristige Wirkungen bei Videospielen werden häufig lerntheoretische Ansätze oder die Desensibilisierungstheorie zu Rate gezogen. Mögen diese Forschungsansätze auch in sich ganz unterschiedlich sein, eines verbindet sie alle: Es wird ein Zusammenhang (Korrelation) zwischen dem Spielen von gewalthaltigen Spielen und einem aggressiven Muster auf der Ebene der Kognition und des Verhaltens vermutet. Nun bedeutet ein solcher Zusammenhang noch nicht, dass die „Ballerspiele" die Ursache für aggressives Handeln sind. Längsschnittstudien könnten die kontroverse Diskussion mit wissenschaftlichen Daten untermauern, liegen jedoch erst in Ansätzen vor.

Das Spielprinzip der Ego-Shooter lautet: Zeige kein Mitgefühl für den Gegner. Es ist hier ethisch und moralisch erlaubt, den Gegnern Schmerzen zuzufügen und sie zu töten. Computerspieler lernen (zumindest indirekt), dass Gefühle und Empathie in dieser virtuellen Welt nicht vorkommen dürfen.

Jugendliche, die intensiv Ego-Shooter spielen, sind im realen Leben nicht unbedingt gewalttätiger als andere Menschen. Die Schwierigkeiten liegen in der möglichen Gleichgültigkeit und der Gefühllosigkeit, mit der im virtuellen Spiel Menschen getötet werden und die auf diese Weise trainiert werden können. Die amerikanischen Streitkräfte nutzen schon seit längerer Zeit diesen Spieltyp zum Training der Soldaten. Nicht etwa um die Gewaltbereitschaft der Soldaten zu erhöhen, sondern um das Mitgefühl gegenüber dem Gegner abzumildern.

Ego-Shooter sind ein jungenspezifisches Problem. Jungen sind es, die in der Mehrzahl dieses Genre intensiv spielen. Bei der Klärung, warum gerade Jungen diese Spiele spielen, wird man berücksichtigen, dass Jungen in der Pubertät eine Phase großer Unsicherheit durchleben, ihre Rolle als „Mann" in der Gesellschaft finden und besetzen und mit vielen Anfragen aus Familie und Schule konfrontiert sind.

Dieses Spielgenre bietet ihnen die Möglichkeit, sich „abzureagieren".

„Killerspiele" generell zu verbieten, löst jedoch nicht das eigentliche Problem. Vielmehr sind medienpädagogische Projekte notwendig, um die Motive der Jugendlichen zu erfahren, die diese Spiele bevorzugen, um dann mit ihnen das eigene Verhalten zu reflektieren.

Die Diskussion über Computerspiele wird nicht einfacher, nachdem man in Untersuchungen nachweisen konnte, dass die Spiele auch positive Effekte hervorrufen können. Das Spielen von Computerspielen führt zu einem Kompetenzgewinn in der Handhabung des Computers und vermag so Berührungsängste mit dem Computer abzubauen, zudem verbessern sich auch die Werte hinsichtlich der räumlichen Orientierung und bei der bildlichen Aufmerksamkeit. Deshalb werden auch Videospiele in der beruflichen Ausbildung eingesetzt (z.B. Simulationen).

Für Eltern ist es nicht einfach zu unterscheiden, ob das „richtige Maß" bei den Computerspielen bereits überschritten ist. Eines ist auch klar: Eltern, die glauben, sie können mit der Medienerziehung erst im Jugendalter beginnen, werden damit scheitern. Jugendliche wollen „gesehen" werden, sie wollen zeigen, was sie können, sie wollen selbstständig Entscheidungen treffen.

Wenn Eltern Interesse am Leben der Jugendlichen signalisieren, sich Zeit nehmen, öfter mal am Computer zuschauen oder vielleicht sogar mitspielen, eröffnet sich ihnen ein wenig diese für sie so fremde Welt. Sie müssen diese Welt nicht unbedingt mögen, bringen jedoch vielleicht Verständnis dafür auf, warum ihre Kinder sie so faszinierend finden.

Die Versuchungen für die Kinder in den Computerwelten sind groß. Eltern werden daher nicht umhinkommen, ihre Kinder zu beobachten, wie sich deren schulische Leistungen entwickeln, ob sie sich noch mit Freunden treffen und „reale“ soziale Kontakte pflegen sowie ihren familiären Verpflichtungen nachkommen.

Spielverbote sind in den meisten Fällen kein geeignetes pädagogisches Instrument und führen zu Abwehrreaktionen und Abschottung der Kinder. Hilfreich für Eltern kann es sein, Freunde und Bekannte um Hilfe zu bitten. Ist das nicht hinreichend, kann das örtliche Jugendamt weiterhelfen.

Ein interessantes Projekt dazu führt die Computerspielschule in Leipzig (www.computerspielschule.org) durch. Erwachsene sollen hier mit ihren Kindern die fremde Spielwelt entdecken. Die kompetenten Kinder zeigen den Eltern, wo es in den virtuellen Spielwelten langgeht.

Werden Computerspiele in den Bildungskontext einbezogen, können sie für das Lernen förderlich sein. Diese Möglichkeit sollte man nicht unterschätzen. Immerhin geben Computerspiele ein sofortiges Feedback und eine direkte Erfolgskontrolle. Versuch und Irrtum kommen hier ebenso zum Einsatz wie Lernen durch Erfahrung. Die Aufgaben sind komplex, für den Spieler herausfordernd und problemorientiert. Außerdem sind die Spieler hoch motiviert und konzentriert.

Computerspiele haben ein klare Struktur, ein Belohnungssystem, bieten Gestaltungsspielräume, jede Menge Flexibilität, Unterhaltung und damit ideale Voraussetzungen fürs Lernen. Gerade bildungsferne Jugendliche können durch Computerspiele eher für Lernprozesse motiviert werden. Ein Beispiel ist die Spielkonsole Wii von Nintendo, die bei ihrer Einführung den Spielemarkt kräftig durcheinandergewirbelt hat. Der Spieler sitzt nicht vor einem Computer, sondern hält einen Controller in der Hand. Die Bewegungen des Spielers werden durch Bewegungssensoren an den Fernseher weitergeleitet. Die Spiele werden also nicht über Tastatur oder Joystick gespielt, sondern über die Körperbewegungen (z.B. Tennis). Da liegt es nahe, es für therapeutische Zwecke einzusetzen (z.B. bei der Schlaganfallrehabilitation).

5. Das neue Internet (Web 2.0)

Wäre vor wenigen Jahren der Griff zum Lexikon die erste Wahl bei der Suche nach Wissensinhalten oder Begriffen gewesen, so hat sich dies durch „Google“ grundlegend geändert. Schreibt man „Rhythmus“ so oder „Rythmus“ so? Der Suchgigant bietet dazu eine passende Plattform (www.googlefight.com), um Begriffe miteinander vergleichen zu können. Das Prinzip von Google ist einfach: Die Begriffe werden in ihrer Häufigkeit im Netz miteinander verglichen. Das Ergebnis: Rhythmus erhält 3.580.000 Treffer und Rythmus 313.000 Treffer. Je öfter der Begriff aufgeführt wird, desto wahrscheinlicher ist es, dass er korrekt geschrieben wird, ganz nach dem Prinzip: So viele können sich doch nicht irren. Warum soll man da noch zum Duden greifen?

Ebenso bekannt ist mittlerweile „Wikipedia“, die Onlineenzyklopädie, das kostenlose Universallexikon für alles und jedes. Warum sollte man da noch ein teures Lexikon in Buchform kaufen, das bereits beim Kauf z. T. überholt ist? Bereits 95 Prozent aller Haushalte verfügen über einen Internetanschluss und 83 Prozent der Befragten gaben in der JIM-Studie 2007 an, das Internet mehrmals pro Woche zu nutzen. Wichtige Tätigkeiten im Internet sind: Instant Messaging (z. B. ICQ), E-Mails, Musik hören und sich informieren.

Über einen eigenen Internetzugang konnte sich 2007 bei den Zwölf- bis 19-Jährigen knapp die Hälfte freuen, wobei der Anteil der Jungen etwas höher ist. Gleichermaßen intensiv wird das Internet von Jungen und Mädchen genutzt (vgl. JIM, 2007, S. 38). Nach eigener Einschätzung verbringen die Jugendlichen von Montag bis Freitag durchschnittlich 114 Minuten im Internet.

Das Internet als universelle Plattform, die alles bietet, auf der das Wissen der Welt abgelegt ist, die Spiele in Hülle und Fülle vorhält und jede Art der Kommunikation möglich macht, ist keine Zukunftsvision, sondern längst Realität.

Als 2005 Tim O'Reilly, einer der Internetpioniere, den Begriff „Web 2.0" einführte, meinte er damit nicht eine neue Technologie, sondern eine Änderung im Nutzungsverhalten. Waren es bis dahin Unternehmen, Agenturen oder Medienverlage, die Bilder und Texte auf ihren Internetseiten publizierten, kann nun jeder Internetbenutzer, ohne über spezifische Kenntnisse zu verfügen, Bilder und Texte im Internet ablegen und die eigene Meinung in Chats und Foren kundtun.

Insofern ist der Begriff „Web 2.0" etwas irreführend, da es nie ein Web 1.0 gegeben hat und das Internet auch kein Programm mit verschiedenen Versionen ist. Wikis, Blogs, Foto- und Videoportale, Foren und Chats sind die kommunikativen Werkzeuge, die das Web 2.0 als „Mitmach-Internet" kennzeichnen.

Die Medien haben den Begriff „Web 2.0" aufgegriffen, ihn für Werbung und Marketing interessant gemacht und so für breite Bevölkerungsteile populär werden lassen. Der Begriff stellt eher ein Schlagwort denn eine Definition für die Weiterentwicklung des Internets dar und wird gerne verwendet, um neue Trends zu vermarkten, obwohl die dahinterliegenden Techniken bereits kurz vor der Jahrtausendwende entwickelt wurden.

Jeder dritte Junge und jedes fünfte Mädchen produziert denn auch eigene Inhalte durch Bilder, Videos,

Musikdateien, eigene Beiträge in Blogs oder Newsgroups (vgl. JIM, 2007, S. 42). Die große Mehrzahl nutzt es jedoch passiv; so stöbern 78 Prozent der Internetnutzer in der Onlineenzyklopädie Wikipedia, eigene Videos auf der Videoplattform YouTube stellen dagegen nur 10 Prozent ein. Die große Mehrzahl der Kinder und Jugendlichen nutzt YouTube zum Anschauen von Videos.

Schnelle Informationen und zeitnahe Veröffentlichung mögen die besonderen Kennzeichen des Internets sein, doch was ist mit dem Anspruch auf Qualität und Seriosität, wie steht es um das sittliche Empfinden? Als Mitmachmedium lebt es von den Nutzern, die in Foren mitdiskutieren, in Chats ihre Meinungen sagen, Kommentare in Gästebüchern schreiben, eigene Fotos und Videos einstellen, sich selbst als Person darstellen.

Das Web. 2.0 bietet alles: Die Frage lautet nicht mehr, finde ich etwas, sondern: Mit welcher Suchstrategie finde ich es? Um am Wissen der Welt zu partizipieren, gibt es unterschiedliche Strategien, die ich kennen muss, ansonsten bin ich hoffnungslos verloren. Das führt zu der prekären Situation, dass sich die „digitale Kluft“ zwischen den Generationen vergrößert, weil die Internetkompetenzen unterschiedlich verteilt sind. Da sind Eltern hilflos, wenn ihre Sprösslinge im Internet surfen, neue Spiele und Anwendungen ausprobieren, weil sie davon nichts oder nur sehr wenig verstehen. Gesellschaftspolitisch gehört es zu den größten Herausforderungen, die „digitale Kluft“ zu verringern.

Die Weiterentwicklungen im Internet führen zu neuen Formen des sozialen Miteinanders mit gravierenden Folgen für die Kommunikation in Politik, Gesellschaft, Kultur und Familie. Im digitalen Zeitalter erhalten die User andere Möglichkeiten der sozialen und kommunikativen Vernetzung, die zur „Netzgesellschaft“ führt und Auswirkungen auf gesellschaftliche Strukturen und Machtverhältnisse hat.

Partizipation führt zur Demokratisierung der Gesellschaft, und das Web 2.0 bietet die technischen und strukturellen Voraussetzungen einer Beteiligung am gesellschaftlichen Diskurs für alle. Die unterschiedlichen gesellschaftlichen Gruppen und Institutionen erhalten mit dem Massenmedium Internet eine weltweite Plattform, auf der sie ihre politischen Interessen, ihre Anliegen und Angebote, ihre Meinungen und Positionen darstellen können. Teile dieser Nutzergruppen mischen sich aktiv in die Politik ein, mit dem Ergebnis, dass die etablierten Parteien ihre politischen Ziele und Vorstellungen zunehmend mehr im Internet darstellen und ihre Informationspolitik internetkonform ausrichten. Die Selbstorganisation der Nutzer im Internet hat diese Veränderung bewirkt.

So vielfältig wie die Gesellschaft selbst sind die Diskussionen im Netz. Debatten auf höchstem wissenschaftlichem Niveau liegen einen Mausklick von banalen Gesprächen entfernt. Der Eindruck, das Internet sei ein Spiegelbild der realen Welt, ist gar nicht so abwegig.

Die Freiwilligkeit stellt eines der zentralen Merkmale der modernen Internetkultur dar. Dadurch wird zwar die Individualisierung gestärkt, gleichzeitig eröffnen die Informations- und Kommunikationsplattformen eine Beziehungskultur auf der Basis eigener Themen, Wünsche und Fragen. So gelingt es, zukunftsweisende Themen global im Web zu diskutieren und die unterschiedlichsten Erfahrungen, Meinungen, Kommentare und Einschätzungen (z. B. www.diegesellschafter.de) einzuholen.

Die Partizipation vieler Nutzer ist es, die zu einer „Weisheit der Vielen“ führt, was nicht nur der Online-

Enzyklopädie Wikipedia zugutekommt, sondern für die Weiterentwicklung unserer Kultur und Gesellschaft nicht unterschätzt werden sollte.

Dezentrale Vernetzung ist das Motto des Webs 2.0: Ordnung und Hierarchie werden zurückgedrängt, sie passen nicht in das Netzwerk der sozialen Communities.

Für ungeübte Internetuser kann der Eindruck entstehen, im Internet herrsche ein heilloses Chaos und Durcheinander. Kaufen Sie in einem Kaufhaus beispielsweise eine DVD, ist diese thematisch in einem Regal einsortiert. In der digitalen Welt läuft das anders; da kann ein Film verschiedenen Themen zugeordnet sein, nach Regisseur, Filmgenre oder Hauptdarsteller. Die Zuordnungen sind flexibler, im Kaufhaus wäre das viel zu aufwendig.

Communities erobern das Netz – SchülerVZ, StudiVZ und Co.

Mit „Social Networking" bezeichnet man eine neue Entwicklung im Internet, bei die Internetnutzer die Online-Portale nicht mehr nur einfach passiv besuchen, sondern diese aktiv mitgestalten, indem sie Bilder und Videos einstellen oder Texte schreiben. Auf diesen Plattformen schließen sich Nutzer zusammen, können eigene Profile anlegen und sich über verschiedene Kommunikationskanäle (E-Mail, Chat, Weblogs, Instant Messaging) austauschen. Sie bieten den Menschen auf einfache Weise die Möglichkeit, ihre sozialen und kommunikativen Bedürfnisse zu befriedigen.

Ab dem zwölften Lebensjahr etwa verändern sich bei Kindern die Vorlieben der Internetnutzung; in den Vordergrund treten „soziale Netzwerke" wie SchülerVZ, die Anerkennung durch die Gruppe und die eigene Selbstdarstellung anbieten und so die Bedürfnisse dieser Entwicklungsphase bedienen.

Zu den erfolgreichsten Communities gehört StudiVZ. Im Juli 2008 wurde die Seite mehr als 160 Millionen Mal aufgerufen. Keine Community im deutschsprachigen Netz kann es bislang mit diesen Zahlen aufnehmen, auch nicht das jüngere SchülerVZ. Die Zahlen sind so hoch, weil es viele Intensivnutzer gibt. Es zeigt sich auch, dass StudiVZ nicht nur von Studenten besucht wird, weil es so viele Studenten in Deutschland nicht gibt.

Weil die Communities so erfolgreich sind, gibt es immer mehr Ableger. Ein Ableger von StudiVZ für „Ältere" ist MeinVZ (www.meinvz.de) sowie Xing (www.xing.de), ein Portal für Berufstätige, die Kontakte knüpfen und Geschäftsbeziehungen aufbauen möchten.

Es ist schon erstaunlich: Innerhalb von wenigen Jahren sind die Netzwerke zu Kontaktforen von Millionen von Menschen geworden. Warum treffen sich die Menschen dort? Was motiviert sie, so viel Zeit darin zu investieren?

Glaubt man der Werbung, sind die Communities virtuelle Treffpunkte, Kontaktbörsen für private und berufliche Ziele. Plausibel klingt die Erklärung, dass die Nutzer eigene Inhalte erstellen und gestalten können. Sie können ihre eigenen Lebensläufe als „Steckbrief" einstellen, eine eigene Homepage gestalten, Fotos oder Videos von sich und Freunden einstellen oder einen Blog (Internet-Tagebuch) führen.

„Seht her, das habe ich gestaltet, gedreht, aufgenommen und eingestellt", ist sicher ein zentrales Motiv.

Faszinierend sind aber auch die Möglichkeiten, ehemalige Freunde und Schulkameraden zu kontaktieren, zu erfahren, wo sie studieren, was sie beruflich machen, welchen Hobbies sie nachgehen, welche Ausbildung sie begonnen oder abgeschlossen haben.

Und weil bereits so viele in den Communities aktiv sind, gibt es einen „Schneeballeffekt“: Wenn alle mitmachen, muss ich auch ein Profil haben, um nichts zu verpassen.

Allein in Deutschland wurden 149 soziale Netzwerke gezählt (vgl. http://netzwertig.com/2008/04/15/zn-aktuelles-ranking-149-social-networks-aus-deutschland/), die in Kategorien eingeteilt werden. Es gibt allgemeine Netzwerke (z. B. www.lokalisten.de, www.meineLeude.de, www.yourfriends.de), spezielle Netzwerke zur Musik (www.Housefan.de, www.youmix.de) oder für Grafiker (www.grafiker.de).

Weltweit sind Facebook (www.facebook.com) und MySpace (www.myspace.com) mit jeweils über 100 Millionen Nutzern die Platzhirsche bei den sozialen Netzwerken, die beide deutsche Ableger betreiben.

SchülerVZ ist laut Anmeldezahlen für Schüler das größte Netzwerk, es gibt jedoch eine ganze Reihe von weiteren (z. B. www.abitreff.de, www.das-freundebuch.de, www.schuelercommunity.com, www.spickmich.de) oder Lizzynet (www.lizzynet.de), eine Community für Mädchen und junge Frauen.

Der Markt ist heiß umkämpft, neben StudiVZ gibt es eine Reihe anderer Netzwerke, die um Studenten werben (z. B. www.Campux.com, www.nurstudenten.de, www.students.de, www.studentSN.de, www.studentum.de, www.studi.net).

Doch die Anzeichen verdichten sich, dass große Zuwachsraten nicht mehr zu erwarten sind, die Strategie lautet daher eher Diversifizierung, d. h. die Angebotspalette ausweiten, wie die für ältere Menschen (z. B. www.feierabend.net, www.forum-für-Senioren.de, www.herbstzeit.de oder www.senvz.de), Netzwerke für die Reise (z.B. www.digitalreise.de, www.tripflip.-de) oder für Sportler und Sportfans (www.1-2-sports.-com, www.deinfussball.de, www.die-fans.de, www.klettervz.de, www.meinsport.de, www.sportsfreunde.de) zeigen. Tierfreunde können sich ebenso in den Netzwerken treffen (www.deine-tierwelt.de, www.dognetwork.de) wie Autofans (www.autoki.com) oder Weinfreunde (www.verkostet.de).

Ein Viertel der in der JIM-Studie Befragten produzierten mindestens einmal pro Woche eigene Inhalte in Form von Bildern, Videos, Musikdateien oder Texte für Blogs, wobei die 14- bis 17-Jährigen hier besonders aktiv sind (JIM, 2007, S. 42). Täglich kommen auf diese Weise Tausende von neuen Inhalten hinzu und heizen die Motivation zusätzlich an.

Da die Inhalte durch die Nutzer selbst erstellt werden, sind die Anbieter solcher Plattformen nur dann für jugendgefährdende Inhalte haftbar zu machen, wenn sie diese kennen. Bei täglich Hunderten oder Tausenden von Einträgen überschreitet dies nicht selten die personellen Kapazitäten der Anbieter.

Die unausgesprochene Vereinbarung des Web 2.0 lautet: Je mehr ich erzähle, desto mehr erzählt mir mein Gegenüber. Dieser Mechanismus ist einfach und funktionierte bisher sehr gut. Gleichzeitig erzeugt diese unausgesprochene Vereinbarung für den Einzelnen auch Zwänge, um in der Community mitmachen zu können. Weil fast alle deutschen Studenten in StudiVZ registriert sind, werden alle, die nicht mitmachen, unter Zugzwang gesetzt, laufen Gefahr, den Anschluss zu verpassen. Damit potenziert sich das System quasi selbst.

Für die Werbewirtschaft sind soziale Netzwerke ein Paradies, bekommen sie doch sehr genaue Nutzer- und

Persönlichkeitsprofile, die sie auswerten und danach ihre Werbung steuern können.

Um bei SchülerVZ mitmachen zu können, benötigen die Nutzer eine Einladung eines bereits Angemeldeten. Das suggeriert, es handele sich bei SchülerVZ um eine „geschlossene Gesellschaft", was jedoch nicht der Realität entspricht.

Kinder und Jugendliche vergessen leicht, dass ihre Daten einer großen anonymen Öffentlichkeit zugänglich sind, und je jünger die Mitglieder sind, desto mehr geben sie an privaten Informationen von sich preis. Das Web 2.0 lebt davon, dass Kinder und Jugendliche möglichst viel von sich erzählen und Inhalte einstellen. Das steht in krassem Widerspruch zu den Hinweisen von Datenschutzbeauftragten, im Internet möglichst keine privaten Informationen anzugeben.

Andere können in der Community nur dann jemanden finden, wenn die Kontaktperson etwas eingetragen, beispielsweise auf die „virtuellen Pinnwände", auf denen sich denn auch die ganze Bandbreite pubertären Verhaltens, von wüsten Beschimpfungen, erotischen Fantasien und Liebeskummer bis hin zur üblen Anmache, wiederfindet. Tabuverletzungen sind keine Seltenheit und scheinen in gewisser Weise nötig zu sein, um überhaupt Aufmerksamkeit zu erzielen.

Bei der Registrierung sind persönliche Angaben (E-Mail, Name …) einzutragen. Um in der Community in Kontakt zu treten, verwenden die Mitglieder „Nicknamen". Allen gleich ist ebenfalls die Möglichkeit, eigene persönliche Profile zu erstellen, die für das Mitglied weitere Informationen, man könnte es den digitalen Lebenslauf nennen, bieten. Nicht selten entsprechen diese Angaben eher den eigenen Wünschen als der Realität. Alle Netzwerke legen ihre Daten in Datenbankstrukturen ab, darin werden Videos, Texte, Töne und Bilder verwaltet. Um Inhalte leichter zu finden, gibt es umfangreiche Suchfunktionen, womit gezielt nach Themen oder Personen gesucht werden kann. Damit ist es z.B. möglich, alle 12-jährigen Mädchen aufzulisten.

Die Erfolge der Communities lassen sich auf Prinzipien zurückführen, die für Kinder und Jugendliche Vorteile bieten:

Als Netzwerke bieten sie Treffpunkte im Netz, analog zu den Freizeiteinrichtungen. Diejenigen, die sich einwählen, treffen Gleichaltrige und Gleichgesinnte. Das Gefühl, zur Gruppe dazuzugehören, vermitteln die Netzwerke in besonderer Weise. Die relative Anonymität kann auch zurückhaltenden Personen helfen, Kontakte zu knüpfen. Von besonderer Bedeutung für den Erfolg dürfte neben den „öffentlichen Räumen", welche die Anbieter zur Verfügung stellen, das Angebot von „privaten Räumen" sein, in denen sich Gruppen abgeschottet von den Erwachsenen treffen können.

Sie treffen sich mit ihren Freunden und Bekannten, knüpfen neue Freundschaften und vernetzen sich auf diese Weise zwar nur virtuell, aber das ist immer noch besser, als wenn sie gar keine Kontakte hätten. (Besonders in ländlichen Gebieten ist es mitunter gar nicht so einfach, den Kontakt außerhalb der Schule aufrechtzuerhalten.)

Neben dem Gefühl „dazuzugehören" sind soziale Netzwerke sehr auf die Kundenzufriedenheit ausgerichtet. Sie bieten daher speziell auf die Zielgruppe ausgerichtete Informationen an.

Bei aller Euphorie für die kommunikativen Angebote in den sozialen Netzwerken müssen auch die potentiellen Gefahren benannt werden.

Was viele nicht wissen: Sind die Informationen erst in den Datenbankstrukturen eingetragen, können diese Jahre später noch aufgefunden werden. Das Internet vergisst nichts, wie das Beispiel von www.archive.org zeigt, dort sind Millionen von Webseiten gespeichert. Zudem sammeln die sozialen Netzwerke mehr Daten, als nötig wäre. So müsste für eine Anmeldung das Geburtsalter ebenso wenig zwingend erforderlich sein wie die Angabe der Adresse. In Sachen Sicherheit und Verschlüsselung müssen alle Netzwerke noch besser werden, denn es ist oft ein Leichtes, die Nutzerprofile einzusehen.

Das wissen z.B. auch Personalverantwortliche in den Unternehmen und nutzen gezielt das Internet, um Informationen über Bewerber einzuholen. Unterstützung erhalten sie dabei von verschiedenen Personensuchdiensten (z.B. www.yasni.de, www.123people.de).

Internetseiten, auf denen Fremde das Profil von Menschen ergänzen können (z.B. www.spock.com), sind daher gefährlich und verstoßen eindeutig gegen den Schutz personenbezogener Daten nach deutschem Recht, wenn Dritte Informationen über Personen einstellen.

Die angebliche Anonymität in den sozialen Netzwerken gibt es nicht; zu glauben, man wäre durch den „Nicknamen“ anonym, ist naiv. Eine der größten Gefahren sind denn auch die eingestellten sehr privaten Informationen in den Communities. Die meisten Nutzer bedenken nicht, dass private Informationen von anderen Besuchern weiterverbreitet werden können.

Unterschätzen sollte man auch nicht, dass durch die sozialen Netzwerke Werte und Normen vermittelt werden, die durchaus fragwürdig sind; Minderjährige können z.B. in den diversen Party-Communities ausführliche Beschreibungen von sexuellen Praktiken und Handlungen nachlesen.

Die eben genannten Hinweise müssen nicht dazu führen, Kindern und Jugendlichen grundsätzlich den

Zugang zu den sozialen Netzwerken zu verbieten, allerdings sollten einige Vorsichtsmaßnahmen getroffen werden.

Konkret bedeutet das, dass die Community dem Alter der Kinder entsprechen muss. Zwölfjährige haben in den Party-Communities nichts verloren.

Der Besuch der Kinder in den sozialen Netzwerken gehört zur Mediennutzung, es kann daher sinnvoll sein, Zeitkonten mit den Kindern zu vereinbaren, um den Konsum zu kanalisieren.

Die Netzwerke werden kommerziell betrieben, Werbung ist eine wichtige Einnahmequelle. Kinder und Jugendliche müssen dieses wissen und sollten auf den Plattformen Anfragen niemals zustimmen, ob ihre Daten an „Dritte" weitergegeben werden dürfen; zur kritischen Prüfung von Werbeangeboten sollten sie von Familie und Schule hingeführt werden.

Bei der Anmeldung in einem Netzwerk müssen Kinder und Jugendliche ein Nutzerkonto einrichten, dabei werden persönliche Angaben abgefragt. Es wird ebenfalls nachgefragt, welche Angaben „privat" sind und welche von anderen eingesehen werden dürfen, also öffentlich sind. Zudem kann das neue Mitglied weitere persönliche Informationen in das Nutzerprofil eintragen. Die großen Netzwerke geben Informationen zur Sicherheit und bieten Einstellungen an, mit denen der Nutzer festlegen kann, was öffentlich sein soll, mit wem er kommunizieren und wer einen Kommentar im Blog oder Profil schreiben darf. Die Profile kann man sich vorstellen wie eine Webseite, auf der persönliche Informationen (z. B. E-Mail, Fotos, Hobbies) hinterlegt sind.

Kinder sollten daher lernen, dass sie nicht zu viel „Persönliches" in die Profile eintragen, und vorsichtig sein, wem sie den Zugang erlauben. Öffentliche Profile sind daher höchst problematisch, weil sie nicht nur von allen eingesehen werden können, sondern auch über die Suchmaschinen gefunden werden. Auf ein privates Profil können nur die Eingeladenen zugreifen.

Mit der Angabe des Alters nimmt es nicht jeder so genau. Das ist jedoch wichtig, weil sich die Standardeinstellung bei vielen Anbietern nach dem Alter richtet. Nur so kann der Schutz der Privatsphäre vom Anbieter überhaupt gewährleistet werden.

Regelmäßig sollten Kinder und Jugendliche die Liste ihrer „Freunde“, die Kommentare schreiben und Einblick in das Profil haben, überprüfen.

Leider sind nicht alle ehrlich: Es gibt falsche Profile in den Communities, vor allem, wenn die Inhalte Kindern schaden. Ist der Autor bekannt, können Eltern mit ihm Kontakt aufnehmen, wenn nicht, sollte der Anbieter informiert werden.

Pädophile nutzen die sozialen Netzwerke, um Kinder und Jugendliche zu kontaktieren. In der Vergangenheit wurden Kinder und Jugendliche sexuell belästigt, in wenigen Fällen ist es sogar zu sexuellem Missbrauch gekommen. Die sexuelle Belästigung erfolgt häufig durch das Versenden von Bildern oder der Aufforderung, eigene, freizügige Fotos von sich zu schicken. Um mit Kindern und Jugendlichen in Kontakt zu treten, gaukeln Pädophile den Mädchen vor, sie könnten Model werden, versprechen Treffen mit Musik- oder Filmstars oder bieten ihnen Geld an. Sind diese Personen erst in der „Freundesliste“, können sie mit den anderen Kontakt aufnehmen und sie belästigen.

Für Kinder und Jugendliche, die Opfer wurden, ist es nicht leicht, darüber zu sprechen. Oft schämen sie sich, haben Angst und befürchten, dass sie das Internet nicht mehr nutzen dürfen.

Sie sollten daher wissen, dass es Menschen gibt, die in den sozialen Netzwerken gezielt lügen, um Kontakte zu knüpfen. Und sie sollten lernen, wie gefährlich „flirten“ mit Internetbekanntschaften sein kann.

Aufklärung einerseits und eine gewisse Kontrolle andererseits sind die beiden Pole, zwischen denen sich Eltern im Kontext der sozialen Netzwerke bewegen. Zu berücksichtigen sind das Alter, die Reife und die kognitiven Fähigkeiten der Kinder.

Mit zunehmendem Alter werden für die Jugendlichen die Party- und People-Portale mit vielen Fotos, ausführlichen Veranstaltungskalendern und Nachtangeboten attraktiv: Hierzu zählt unter anderem tillate (www.tillate.de), die angeblich größte europäische Nigtlife Community oder lautundspitz (www.lautundspitz.de). Letztere rühmt sich, eines der „erfolgreichsten deutschsprachigen Party- und People-Portale“ zu sein. Der Altersdurchschnitt liegt nach eigenen Angaben bei 25 Jahren. Die Nutzer können auf eine umfangreiche „Eventdatenbank“ für Veranstaltungen in Deutschland und der Schweiz zugreifen. Tausende Fotos von Partys und Prominenten sowie Misswahlen können eingesehen werden. Hier zeigt sich sehr deutlich: Die Netzwerke differenzieren sich immer mehr aus.

Für Eltern bedeutet dies sicher auch zu wissen, in welchen sozialen Netzwerken sich ihre Kinder bewegen.

Die Gefahren kennen muss aber nicht das Interesse schmälern, die Faszination der Netzwerke speziell für Eltern und Familien (z.B. www.1-2-3family.com, www.BabyVoten.de, www.familylounge.de, www.ichbinpapa.de, www.MamaCommunity.de, www.mamily.de oder www.Mamiweb.de) zu entdecken.

Elektronische Briefe und ICQ

Postkarten oder Briefe schreiben ist out, E-Mails verschicken und Grußkarten gestalten in. Täglich werden allein in Deutschland Millionen E-Mails mit Fotos, Tabellen, Worddokumenten und Powerpointpräsentationen hin und her geschickt. Aus dem Büro- und Arbeitsalltag sind E-Mails nicht mehr wegzudenken. Dennoch hat sich etwas verändert; die Flut der E-Mails ist in keiner Weise mit der Anzahl der verschickten Postkarten oder Briefe vor dem Internetzeitalter vergleichbar und viele stöhnen über die Menge der zugeschickten E-Mails, vor allem, wenn es sich dabei um unerwünschte elektronische Nachrichten (Spam) handelt.

Schon jüngere Kinder verfügen über eine eigene E-Mail-Adresse bei den diversen Anbietern wie gmx (www.gmx.de), Google (www.google.de) oder Web.de (www.web.de). Ob jung oder alt, wer heute keine E-Mail-Adresse hat, ist in der Kommunikation abgeschnitten, quasi sozial isoliert.

E-Mail-Kommunikation setzt Lesen und Schreiben voraus. Bereits 10 Prozent der Sechs- bis Siebenjährigen nutzen diese Form und bei den Acht- bis Neunjährigen sind es immerhin schon 17 Prozent (vgl. KIM-Studie, 2006, S. 46).

Die Flut der Mails hat ihre Gründe: Unter anderem zieht eine E-Mail fast immer mehrere E-Mails nach sich. Es ist kinderleicht, E-Mails zu schreiben und zu verschicken. Ferner wird erwartet, eine E-Mail innerhalb kurzer Zeit (meistens innerhalb von 24 Stunden) zu beantworten, und die E-Mail kann an mehrere Adressaten zeitgleich verschickt werden. Dieses schnelle Reagieren birgt die Gefahr, nicht genau den Inhalt zu bedenken, bevor die E-Mail beantwortet wurde. Schon so mancher hat sich damit einen „Bärendienst“ erwiesen und sofort geantwortet, ohne zu überlegen, welche Konsequenzen die Antwort haben könnte. Ist die Antwort erst verschickt, gibt es kein Zurück mehr, das Geschriebene ist in der Welt. Insofern ist es klug, gerade bei „brisanten E-Mails“ diese etwas ruhen zu lassen, sie in einen speziellen Ordner abzulegen, von wo aus sie später verschickt werden können.

So praktisch die elektronische Post ist, die vielen eingehenden E-Mails sorgen nicht nur bei Kindern für Schwierigkeiten in der Verwaltung und Beantwortung.

Aus technischer Sicht gibt es mehrere Verfahren, wie die elektronische Post genutzt werden kann. Die Anbieter stellen die Funktionen (empfangen, verschicken, lesen, schreiben und archivieren) kostenlos zur Verfügung. Da es sich um Internetangebote handelt, erfolgt die Nutzung über den Browser. Der Vorteil ist, dass eine spezielle E-Mail-Software nicht benötigt wird und der Zugriff auf die E-Mails von jedem Computer mit einem Internetanschluss erfolgen kann. Für die Sicherheit sind nicht die Nutzer, sondern die Anbieter verantwortlich.

Typischerweise werden E-Mails aber nicht über Web-Maildienste empfangen, sondern über eine auf dem Computer installierte Software, die die E-Mails abruft. Microsoft Outlook ist ein weit verbreitetes E-Mail-Programm, es gibt jedoch eine Reihe von Alternativen (z. B. Thunderbird).

Um E-Mails mit diesen Programmen abzurufen, muss die Verbindung mit dem E-Mail-Anbieter hergestellt werden. Wie das geht, beschreiben die Anbieter auf ihren Internetseiten.

Sehr beliebt ist das Verschicken der E-Mail im HTML-Format. Damit können E-Mails nicht nur grafisch gestaltet, sondern auch aktive Elemente wie Javascript eingebunden werden. Allerdings hat dies immer wieder zu Sicherheitsproblemen geführt; sicherer ist das Verschicken der E-Mails im RTF-Format oder Text-Format.

Dateianhänge sind ein weiteres Sicherheitsproblem, weil diese Computer-Viren und Spam enthalten können. Selbst bekannte Dateinamenweiterungen (.doc, .jpg) im Anhang einer E-Mail können ein Täuschungsmanöver sein. Es gibt Verfahren, mit denen diese Dateiendungen vorgegaukelt werden und sich in Wirklichkeit dahinter die Schädlingssoftware verbirgt. Ein aktuelles Virenprogramm ist daher ein absolutes Muss!

Ist der Absender der E-Mail nicht bekannt, sollte man sehr vorsichtig sein und die Datei zunächst über das Virenprogramm prüfen. Auch sollte man bei eingehenden E-Mails vorsichtig sein, wenn der Absender (z.B. Anwaltskanzlei) und der Betreff (Gewinnangebote) nicht wirklich zusammenpassen oder wenn andere Sprachen verwendet werden.

Beim Verschicken einer E-Mail immer daran denken: Die E-Mail ist so öffentlich wie eine Postkarte! Private und sensible Informationen (z.B. Passwörter ...) gehören nie in eine E-Mail, da es ein Leichtes ist, diese abzufangen und zu lesen. Vermeiden lässt sich dies durch die Verschlüsselung der E-Mail. Eine der besten Verschlüsselungssoftware ist Pretty Good Privacy (www. http://de.wikipedia.org/wiki/Pretty_Good_Privacy).

Ein weiteres Ärgernis sind die täglich eingehenden Spam-Mails. Grundsätzlich sollte man nie auf eine eingehende Spam-Mail antworten. Selbst die Antwort, man möchte keine E-Mail erhalten, ist nutzlos, sondern zeigt dem Spam-Versender, die E-Mail ist angekommen. Spam-Mails sollen zum Anklicken verführen, sie locken mit tollen Gratisangeboten oder günstigen

Kaufangeboten usw. Es kann aber durchaus vorkommen, dass man sich statt des Gratisangebotes bei Bestätigung der E-Mail einen Virus einhandelt. Ebenfalls sollte man vorsichtig bei Internetangeboten sein, die eine E-Mail-Adresse verlangen. Oft werden die E-Mail-Adressen weiterverkauft. Hier bietet sich an, eine zweite E-Mail-Adresse bei einem der vielen freien Anbieter einzurichten und diese bei der Registrierung anzugeben.

Die freien Anbieter bieten einen kostenlosen Spam-Schutz an, der aber durch einen Virenscanner oder einen im E-Mail-Programm eingebundenen Spam-Schutz (z.B. www.spamfighter.de) unterstützt werden sollte.

Kinder und Jugendliche sollten nicht nur frühzeitig darauf hingewiesen werden, wie leicht die elektronische Post von Dritten gelesen und verändert werden kann, sondern auch wissen, wie sie sich schützen können.

Kurz nach dem Starten des Betriebssystems blinkt bei vielen Heranwachsenden ein weiteres Fenster auf und kündigt sich mit einem kurzen Signalton an: ICQ („ich suche dich") ist auf dem Computer installiert, der Marktführer unter den Instant Messangern. Bereits 72 Prozent der Jugendlichen im Alter von zwölf bis 19 Jahren nutzen regelmäßig (mehrmals pro Woche) Instant Messanger (vgl. JIM, 2007, S. 52), die seit Jahren als Kommunikationsform sehr beliebt sind. Ein Großteil (85 Prozent) der Zwölf- bis 19-Jährigen benutzt das Programm zum Chatten, 59 Prozent halten es für wichtig, die „Onliner" sehen zu können, und 57 Prozent tauschen besonders gerne Nachrichten aus (vgl. JIM-Studie, 2007, S. 53).

Mit ICQ können offline Nachrichten gesendet werden. Selbst kleinere Spiele können mit anderen Nutzern gespielt werden. Weil die Nachrichten bei ICQ direkt versendet und nicht über eine Plattform weitergeleitet werden, gibt es nur eingeschränkte Möglichkeiten der Filterung und Moderation. Das Risiko, unerwünschte Nachrichten oder sexistische Meldungen zu erhalten, sollte man nicht unterschätzen. Die Sicherheitseinstellungen sollte man bei Instant Messangern überprüfen und die niedrigste Sicherheitsstufe einstellen. Das Programm zeigt ebenfalls an, welche Freunde gerade online sind. Für Kinder sind Instant Messanger nicht geeignet.

Die Tophits aus dem Netz

Auf dem Weg zur Schule sind Ohrstöpsel und MP3-Player sowie iPhone oder Handy die Musiklieferanten, nach der Schule spielen Computer und Musikanlage die Lieblingsstücke ab. Musikhören gehört zu den absoluten Lieblingsbeschäftigungen in der Jugendphase, ob unterwegs in Bussen und Bahnen, in der Freizeit oder im Urlaub. Vor Jahren wurde der Walkman zum ständigen Begleiter, heute ist es der MP3-Player, den 62 Prozent der Zwölf- bis 19-Jährigen täglich nutzen (vgl. JIM, 2007, S. 21).

Zusehends an Bedeutung gewinnt das Handy als Abspielgerät, es wird immerhin von 12 Prozent der Zwölf- bis 19-Jährigen genutzt. Ebenfalls steigt die Anzahl der gespeicherten Titel kontinuierlich pro Jahr. Zwar liegt der Durchschnittswert 2007 bei 1262 Titel (vgl. JIM, 2007, S. 19), doch ist die Verteilung sehr unterschiedlich, die Hälfte der Jugendlichen hat bis zu 200 Titel gespeichert. Jungen haben in der Regel mehr Titel als Mädchen auf den Abspielgeräten, 8 Prozent der Jungen gaben in der Studie sogar an, mehr als 5000 Titel gespeichert zu haben (vgl. JIM, 2007, S. 19). Mit

Blick auf die Schulbildung gibt es ebenfalls deutliche Unterschiede: So verfügen Gymnasiasten über größere Musiksammlungen als Hauptschüler.

Bei den Sechs- bis Zwölfjährigen rangiert Musikhören bereits auf dem zweiten Platz hinter dem Fernsehen. Und 74 Prozent der Zwölf- bis 19-Jährigen hören mehrmals pro Woche Radio (vgl. JIM, 2007, S. 28), wobei Mädchen mit 82 Prozent zu den treuesten Radiohörern zählen. Mit zunehmendem Alter steigt die Hörzeit beim Radio, ebenso wie mit höherer Bildung. Gerade beim Radio wird die „Medienkonvergenz“ – gemeint ist das Zusammenwachsen verschiedener Medien – besonders offensichtlich, da das Radio die Nutzer über unterschiedliche Plattformen erreichen kann: über das Radiogerät im eigenen Zimmer, das Autoradio, MP3-Player, Internet oder Handy. Vor allem Jungen hören gerne und viel Musik mittels Internet oder Handy.

Die ständige Verfügbarkeit der „Konservenmusik“ trägt dazu bei, dass Musik „nebenbei“ gehört wird, und führt dazu, dass das Besondere der Musik nicht unbedingt erfahren wird. Rüdiger Lüdicke spricht in diesem Zusammenhang von der „akustischen Vermüllung“ (vgl. Neider, Medienbalance, 2008, S. 76).

Musik hören tun viele, selber singen nur wenige. Dabei weisen Musiklehrer und Medienpädagogen immer wieder darauf hin, welche Potenziale im Singen liegen, und betonen, wie Singen und das Spielen eines Instrumentes die Kreativität von Kindern fördert sowie schulische Leistungen und das Sozialverhalten verbessern kann. Der auditive Sinn kann in besonderer Weise durch Musik stimuliert und verfeinert werden.

Damit Kinder singen, brauchen sie als Vorbilder ihre Eltern, die mit ihnen singen und musizieren. Viele Mütter und Väter singen ihren Kindern weder Wiegenlieder noch Kinderlieder vor. Das Singen wird Profis und technischen Geräten überlassen.

Warum hören Jugendliche so gerne Musik? Sind es die eingängigen Melodien oder steckt noch mehr dahinter? Macht Musik etwa gute Laune oder ist es einfach nur „in"?

Zwar wird die Musik der Kunst zugeordnet, ist aber anders als bei Kunstwerken „vergänglich", lebt durch den Augenblick des Hörens. Musik kann große Stimmungen und starke Gefühle erzeugen, weil Menschen das Gehörte mit ihrer seelischen Verfassung in Beziehung setzen. Der bekannte „Ohrwurm" ist nichts anderes als das Festhalten einer bestimmten Stimmung, ebenso wie das „Gänsehaut-Fieber" beim Konzertbesuch. Musik prägte ganze Gesellschaften: In den 60er-Jahren waren es die „Beatles", die mit ihrer Musik eine ganze Generation beeinflussten, in den 70er-Jahren Bands wie „Supertramp" oder „Pink Floyd", in den 80er-Jahren „Michael Jackson", in den 90er-Jahren „U2" oder „Bon Jovi". Heute bringen Bands wie „Tokio Hotel" oder „Silbermond" Tausende von Fans in Ekstase, wenn sie ihre Hits in großen Hallen oder Open-Air-Veranstaltungen spielen.

Gerade in der Pubertät erhält die Musik für die Jugendlichen eine ganz besondere Bedeutung. Musik spricht das jugendliche Gefühl und die Fantasie an. Stimmungen und Emotionen können durch Musik verstärkt und in gewisser Weise ausgelebt werden, Spannungen werden abgebaut. Musik stellt die Nähe zu den Gleichaltrigen her und dient gleichzeitig der Abgrenzung von den Eltern.

Sehr zum Leidwesen der großen Musikstudios kaufen immer weniger Hörer die CD im Geschäft oder im Onlineshop, sondern laden sich die Stücke aus dem Internet auf ihren Computer herunter. Der Tauschhandel mit Musik im Internet führte bei der Musikindustrie zu Umsatzeinbrüchen von bis zu 25 Prozent. Zwar klagte die Musikindustrie gegen die Tauschbörsen, unter anderem gegen „Napster“, mit Erfolg. Dennoch, das Tauschgeschäft blüht weiter. Heutige Tauschdienste sind weltweit verteilt und dezentral aufgestellt, sodass es immer schwieriger wird, diese zu verklagen.

Mit „eMule“ (www.emule.de) wurde eine weitere Entwicklungsstufe des Downloadens von Musik aus dem Internet erklommen. Open-Source-Software meint eine frei zugängliche Software, die beliebig weitergegeben werden darf. EMule ist eine solche Software, mit der Filme oder Musikstücke heruntergeladen werden können.

Der Gesetzgeber hat im § 53 (1) UrHG die grundsätzliche Rechtmäßigkeit der Privatkopie eines urheberrechtlich geschützten Werkes in bestimmten Grenzen festgelegt. Privater Gebrauch bedeutet, die Nutzung muss nichtkommerziell und im nichtöffentlichen Bereich sein. Erlaubt ist das einfache Kopieren von Musikstücken auf den MP3-Player oder auf eine CD für den Betrieb im Auto. CD/DVD mit Kopierschutz dürfen auch für den privaten Zweck nicht kopiert werden, der Kopierschutz darf nicht entfernt werden. Grundsätzlich bewertet der Gesetzgeber das Recht des Urhebers auf sein geistiges Eigentum höher als die private Nutzung. Auch wenn das Gericht keine Angabe über die Anzahl der erlaubten Privatkopien gemacht hat, die häufig genannte Zahl von sieben Kopien ist nicht korrekt.

*Der **§ 106 (Unerlaubte Verwertung urheberrechtlich geschützter Werke)** im Wortlaut: (1) Wer in anderen als den gesetzlich zugelassenen Fällen ohne Einwilligung des Berechtigten ein Werk oder eine Bearbeitung oder Umgestaltung eines Werkes vervielfältigt, verbreitet* *oder öffentlich wiedergibt, wird mit Freiheitsstrafe bis zu drei Jahren oder mit Geldstrafe bestraft. (2) Der Versuch ist strafbar.*

Trotz der eindeutigen rechtlichen Bestimmungen sieht die Praxis nicht selten anders aus. In den einschlägigen Musikportalen werden die aktuellen Hits heruntergeladen oder auf den Schulhöfen getauscht. Heutige Brenner können mit der passenden Software die kopiergeschützten Musik-CDs ohne Qualitätsverlust knacken.

Das Bewusstsein, sich strafbar zu machen, ist nicht besonders ausgeprägt, obwohl es schon eine Reihe von „Musterprozessen" gibt, in denen die Film- und Musikindustrie Raubkopierer vors Gericht gebracht hat und die anschließend verurteilt wurden.

Nicht selten erstellen Eltern selber Raubkopien von Musik-CDs oder DVDs – wie sollen sie da glaubwürdig ihren Kindern erklären können, dass dies strafbar ist?

„Mein Tagebuch im Internet" – die Blogger

Immer mehr Menschen schreiben ein digitales Tagebuch. Gemeint sind „Blogger", die ein Tagebuch im Internet führen. Wie sehr sich diese Form der Kommunikation in den vergangenen Jahren etabliert hat, zeigt bereits der Blick in den Duden. Dort sind inzwischen die Begriffe „Blog", „Blogger" und „Bloggen" eingetragen. Es gibt Blogs mit mehr Besuchern als an einem gesamten Spieltag in der Fußball-Bundesliga zusammen. Einige Blogs haben Kultstatus erreicht, die Themen sind so vielfältig wie das Leben selbst, ähnlich ist es um die Qualität der Beiträge bestellt. Die Blogger schreiben über ihre Hobbys, setzen sich mit politischen, gesellschaftlichen, kulturellen und religiösen Themen auseinander oder weisen auf gesellschaftliche Missstände hin. In Deutschland zählt der Blog zur Bildzeitung (www.Bildblog.de) zu den bekanntesten, darin setzen sich Autoren mit den Artikeln der Bildzeitung auseinander, prüfen die Meldungen und Reportagen der Bildzeitung und stellen Sachverhalte richtig.

Inzwischen hat sich der Begriff „Blog" anstelle von „Weblog" durchgesetzt, beide Begriffe meinen dasselbe. Technisch ist ein Blog wie eine Internetseite aufgebaut und der Betreiber gibt ein Thema vor, die Netzgemeinde kann es kommentieren.

Weil Blogs so vielfältig und für das Internet bedeutend sind, gibt es spezielle Suchdienste für Blogs (z.B. www.google.de/blogsearch).

Die Einsatzmöglichkeiten von Blogs sind vielfältig, neben dem persönlichen Tagebucheintrag können sich Projektgruppen austauschen, die Ergebnisse der Teamarbeit besprechen oder Texte verfassen.

Vorreiter beim Bloggen ist Amerika; in Deutschland schwanken die Zahlen zwischen 200.000 und 1,5 Millionen (Stand 2006). Die Blogosphäre (Gesamtzahl aller Blogger) wächst rasant, Schätzungen zu Folge werden täglich 120.000 Weblogs neu eingerichtet.

Die Mehrzahl der Blogger sind Jugendliche, wovon nur eine kleine Minderheit selbst schreibt und noch weniger einen eigenen Blog betreiben. Ein Großteil derjenigen Jugendlichen, die bloggen, tun dies auf den großen Kommunikationsplattformen von MySpace und Facebook.

Blogs stellen eine eigene Kommunikationsform dar, die Inhalte werden in chronologischer Form abgebildet und sollen andere Nutzer auffordern, sich am Thema zu beteiligen. Dem Charakter nach sind Blogs subjektiv geschrieben. Durch die sehr gute Vernetzung der Blogger („Mundpropaganda“) untereinander können sie Themen setzen und Meinungen bilden. So gab es in der Vergangenheit Fälle, in denen Blogger ihren Ärger über Firmen im Blog kundtaten oder politische Aussagen von Spitzenpolitikern kommentierten. Ihre Wirkung sollte daher nicht unterschätzt werden und es gibt nachweislich Einflüsse von Bloggern in politische Diskussionen und Entscheidungen. Einer der bekanntesten Blogger in Deutschland ist Stefan Niggemeier (http://www.stefan-niggemeier.de/blog/), der Gründer des BILDblog. Eine Auflistung der beliebtesten deutschen Blogs gibt die deutsche Blogchart (www.deutscheblogcharts.de).

Blogger setzen Themen und kommentieren Diskussionen. Je mehr die Blogger schreiben, desto leichter lässt sich das Profil des Bloggers erkennen, und es ist nicht auszuschließen, dass dies bei der Suche nach einem Ausbildungsplatz oder einer Stelle zum Nachteil wird, wenn Personalverantwortliche im Internet auf Meinungen und Ansichten stoßen, die womöglich den Unternehmenszielen widersprechen oder politische, kulturelle und gesellschaftliche Einstellungen wiedergeben, die nicht unternehmenskonform sind.

Blogs können eine spezifische Ausdrucksform von Jugendlichen sein; sie bieten ihnen die Möglichkeit, ihre Meinungen und Einstellungen öffentlich einzubringen.

In diesem Zusammenhang haben sie eine meinungsbildende Funktion für die Gesellschaft, können das Sprachrohr von Jugendlichen sein. Übersehen werden sollte aber nicht, dass es viele Blogs gibt, die reine „Selbstdarstellungsbühnen“ sind.

„Mein zweites Leben“ – Second Life

Als die Firma Linden Lab 2003 die Online-Community „Second Life“ (SL) startete, war nicht absehbar, welch fulminanten Start SL hinlegen sollte, mit schnell steigenden Besucherzahlen und kräftigen Gewinnen. Heute ist SL die bekannteste Community im Internet mit 15 bis 60 Tausend Benutzern täglich und mehr als 12 Millionen „Bewohnern“. Die Online-Community wird zwar den Onlinerollenspielen zugeordnet, unterscheidet sich aber deutlich von den typischen Spielen dieser Gattung. In SL gibt es keine Spielziele oder Aufgaben, die zu lösen sind, um erfolgreich zu sein. SL lebt durch die Bewohner, die eigene Inhalte erstellen, Häuser bauen und Landschaften gestalten.

Man kann sich SL als technische Plattform vorstellen, welche die Bewohner mit Leben füllen. Damit das geht, ist eine Client-Software notwendig, die von der Webseite (http://de.secondlife.com) heruntergeladen werden kann. Die Anmeldung ist für Internet erfahrene User überhaupt kein Problem. Nachdem sich der User für einen männlichen oder weiblichen Bewohner (Avatar) entschieden und sich einen Namen ausgesucht hat, beginnt die eigentliche Erkundung der Community.

Zu Beginn des Lebens in Second Life tragen die Avatare eine Einheitskleidung, das muss aber nicht so bleiben, denn jeder Avatar kann individuell angezogen und gestylt werden.

Rund 40 Stunden verbringt der durchschnittliche SL-Nutzer nach Angaben von Linden Lab monatlich in SL.

Wie im realen Leben können sich die Avatare unterhalten, Termine vereinbaren oder sich zu Interessengruppen zusammenschließen, Häuser bauen, den Garten anlegen, Blumen züchten oder einen Shop einrichten, wodurch SL von den Bewohnern ständig weiterentwickelt wird.

Man kann sich SL als eine virtuelle Welt vorstellen, in der all das vorkommt, was es im realen Leben ebenfalls gibt: Schulen, Krankenhäuser, Marktplätze, Organisationen und Events. Um die virtuelle Welt gestalten zu können (z.B. ein Haus bauen), benötigt man – wie im wirklichen Leben – Geld (Lindendollar). Sollte man später beispielsweise mit einem Shop Gewinn erzielen, können die Lindendollar in „harte Währung" umgetauscht werden. SL ist eine Internetplattform, auf der Handel betrieben und Geld verdient werden kann, allerdings sind die finanziellen Erfolgsaussichten eher dürftig.

Die Motive der Menschen, einen Avatar als virtuelle Persönlichkeit zu entwickeln und sich seine eigene Welt im Internet zu schaffen, sind denen im wirklichen Leben ganz ähnlich: Sex steht bei den Neulingen ganz weit oben auf der Motivationsliste. Gegengeschlechtliche Avatare werden kreiert und Rollenspiele zu erotischen Fantasien gibt es reichlich in den Chats: Dies hat nicht unwesentlich zum „Schmuddelruf" von SL beigetragen.

Natürlich ist dies nur ein Teil dessen, was SL ausmacht, es gibt viele inhaltliche Auseinandersetzungen, das Freizeitverhalten ist jedoch sehr ähnlich dem im normalen Leben mit Partys, Menschen treffen und spielen.

In SL gibt es freistehende Häuser, Eigentumswohnungen und Wohngemeinschaften, sehr gut eingerichtete Küchen und Wohnzimmer – viel erinnert an das wirkliche Leben, nur etwas luxuriöser. Wie im wirklichen Leben gehen die Bewohner in SL einer Berufstätigkeit nach, mit der sie Linden Dollars verdienen.

Viele Bewohner möchten dort ein Geschäft oder einen Shop betreiben. Deren Einrichtung ist zwar einfach, einen Shop jedoch gewinnbringend zu führen, erfordert sehr viel Zeit, Geduld und finanzielle Mittel. 5000 US-Dollar sind der untere Rahmen für die Umsetzung einer erfolgreichen Geschäftsidee in SL, die Bereitschaft, deutlich mehr Geld zu investieren, ist (noch) gering.

Seit 2005 gibt es neben Second Life das Teen Second Life (http://teen.secondlife.com) für Jugendliche im Alter von 13 bis 17 Jahren. Erwachsene sind in dieser Welt nicht erlaubt. Der Eintritt kostet zehn Dollar pro Monat, um eine virtuelle Welt aus Sicht der Jugendlichen zu gestalten. Die Aufsicht führen Mitarbeiter der Firma Linden Lab, die am Nachnamen „Linden" erkennbar sind.

Durchaus bemerkenswert ist, dass die Firma Community Regeln für die Jugendlichen veröffentlichte:

- Bleib anonym
- Behalte dein Passwort für dich
- Antworte nicht auf anstößige/fiese Kommentare oder Handlungen/Aktionen
- Vertrau auf deine Instinkte
- Halte deine Eltern über dein „Second Life" auf dem Laufenden
- Vorsicht vor Online-Ratgebern
- Wenn es sich zu gut anhört, um wahr zu sein, ist das vielleicht auch der Fall
- Triff dich niemals mit einem Mitglied Offline

Diese Regeln können als hilfreiche Richtschnur für andere Web 2.0-Applikationen gelten.

Teen Second Life stellt eine „geschützte" Onlinewelt zur Verfügung, auf der sich amerikanische Organisationen und Schulen befinden und Projekte durchführen.

Angebote für deutschsprachige Jugendliche gibt es bisher noch nicht.

Im „großen" Second Life hat Greenpeace ein eigenes Büro, eine virtuelle Führung durch den Kölner Dom gibt es ebenso wie den VHS-Kurs. In Deutschland entdecken denn auch immer mehr Bildungseinrichtungen und Universitäten Second Life und richten Seminarräume ein.

Zweifelsohne bietet SL im Vergleich zu konventionellen Bildungsangeboten Vorteile: Lernen und Kommunizieren sind in SL untrennbar miteinander verbunden: Lerninhalte werden durch Simulationen oder Rollenspiele erlebbar gemacht, informelles Lernen spielt in SL eine große Rolle.

Obwohl Second Life eine hohe Verbreitung gefunden hat, nutzen es nur 4 Prozent der Jugendlichen aktiv, 38 Prozent kennen SL zwar dem Namen nach, die Mehrzahl (58 Prozent) hatte vor der Befragung noch nie etwas von SL gehört (vgl. JIM, 2007, S. 43).

Die Sorge von Eltern und Pädagogen, Kinder und Jugendliche könnten sich in diesen virtuellen Welten verlieren, betrifft wohl nur eine kleine Minderheit.

Sicher gibt es Jugendliche, die von den technischen Möglichkeiten in SL fasziniert sind, andere sind einfach nur neugierig und wieder andere finden es spannend, die virtuelle Welt mit Klassenkameraden zu erkunden.

Gefährlich wird es, wenn Jugendliche nicht mehr wissen, wo ihr „wirkliches" Zuhause ist, sie ihr Leben nicht mehr in der Familie, im Freundeskreis oder in der Schule leben, sondern zusehends in die virtuelle Welt von Second Life abdriften. Betroffen sind hier vorwiegend labile Menschen, die aus dem realen Leben in die digitalen Welten flüchten. Im Sog von SL bleiben Jugendliche, denen etwas Grundlegendes im wahren Leben fehlt: Liebe, Anerkennung und Vertrauen.

Die Realität hat mittlerweile aber auch Second Life eingeholt, einige Firmen sind bereits wieder ausgestiegen und die Nutzergemeinde wächst deutlich langsamer als 2007.

Vom Konsumenten zum Produzenten – Foto, Video und Audio

In Zeiten digitaler Kameras und Handys sind Fotos und Videos schnell gemacht. Doch wohin mit dem digitalen Material? Lagen die Daten bislang auf den heimischen Computern, stehen heute diverse Internetplattformen bereit, auf denen die neuesten Urlaubsfotos für Verwandte und Freunde gespeichert werden können. Innerhalb weniger Jahre wurden Millionen von Fotos und Videos auf diesen Plattformen eingestellt. Die größten Plattformen sind Flickr (www.flickr.com) für Fotos und YouTube (www.youtube.de) im Videobereich.

Warum stellen Menschen aktuelle Urlaubsfotos und die Videobilder ihrer Kinder oder von Familienfeiern auf die Internetplattformen?

Für manche Nutzer wird es zum Bumerang, wenn sie sich im Internet zur Schau stellen, um später bei den Personalgesprächen durchzufallen. Mit speziellen Personensuchdiensten (www.menschen-finden.de oder www.personensuche-kostenlos.de) lassen sich leicht Bilder und Videos von Personen finden.

Damit es dazu nicht kommt, sollten Eltern wissen, ob und – wenn ja – welche Bilder ihre Kinder in das Internet stellen. Sie sollten ihre Kinder darüber aufklären, welche Folgen beispielsweise Bilder von Trinkgelagen oder anderen Exzessen haben können.

Foto- und Videoaufnahmen sind mit den modernen Geräten einfach und schnell gemacht, die Rechtslage wird aber in vielen Fällen missachtet. Urheberrechtsverletzungen sind an der Tagesordnung, wie z.B. die Veröffentlichung von Foto- und Videoaufnahmen ohne die Zustimmung der gezeigten Personen.

Neben flickr gibt es weitere Foto-Communities (z.B. www.fotocommunity.de, www.photocase.com), auf denen Hobbyfotografen ihre Bilder hochladen und sich austauschen.

Eine weitere weit verbreitete Kommunikationsform sind Podcasts. Das sind Audio- oder Videodateien, die im Internet veröffentlicht werden und der Verbreitung von Informationen, Meinungen und Nachrichten dienen. Für die Erstellung von Podcasts genügen neben einem Computer mit Internet und Soundkarte ein Mikrofon und Software. Weil Podcasts einfach produziert werden können, sind sie ein Klassiker des Web 2.0. Eine bekannte Suchmaschine für Podcasts ist www.podster.de.

Erregen Bilder Ärger, weil diese veröffentlicht wurden, obwohl eine Zustimmung der abgebildeten Personen nicht vorliegt, müssen diese wieder entfernt werden. Mittlerweile bieten viele soziale Netzwerke und Videoplattformen einen Service an, wenn eine Verletzung des Rechtes am eigenen Bild vorliegt.

Wenn täglich weltweit mehr als 100 Millionen Videos auf YouTube angeschaut und pro Minute etwa zehn Stunden Videomaterial eingestellt werden, dann wird offensichtlich, wie sehr das Internet das Freizeitverhalten beeinflusst.

Sich im Internet darstellen (eigene Fotos und Videos einstellen), eventuell eine Modelkarriere über das Internet starten oder künstlerisch anspruchsvolle Filme der Öffentlichkeit zeigen, mögen einige der vielen Motive sein, warum täglich Tausende von Foto- und Videodateien im Internet veröffentlicht werden.

Die Neugierde an der Technik, Spaß haben oder einfach etwas Außergewöhnliches tun sind weitere Motive. Man kann ausgiebig über die Qualität und die thematischen Einfälle der diversen Bild- und Tondokumente streiten, die von Jugendlichen im Internet veröffentlicht werden. Viele (Erwachsene), die diese Inhalte sehen und hören, tun dies zu einem erheblichen Teil aus voyeuristischen Motiven. Und vieles von dem, was auf den Internetplattformen gezeigt wird, erscheint Erwachsenen unverständlich und nicht selten widerwärtig; es gibt reichlich Material, welches die Grenzen des „guten Geschmacks" verlassen hat.

Die technischen Entwicklungen haben gesellschaftliche Prozesse verändert. Die analogen Fotos in das Fotoalbum zu kleben, gehören der Vergangenheit an. Den „Diaabend" wird es sicher weiterhin geben, allerdings nicht mehr mit dem Diaprojektor, sondern mit einem digitalen Bilderrahmen oder der Video- und Fotoshow auf dem Fernseher oder Beamer.

„Findest du mich nett?" – Chatten

Schnell springen die Finger über die Tasten, konzentriert schauen die Augen auf den Bildschirm, nun noch die Enter-Taste gedrückt, und die Meldung ist abgesetzt. Jetzt heißt es auf die Antwort warten, die unmittelbar eintrifft. Chatten lautet der Trend unter Jugendlichen und ist ebenso beliebt wie telefonieren, weil es so einfach ist. Vor allem nachmittags nach der Schule sind viele Chaträume übervoll. Wer es nicht glaubt, der besuche doch mal an einem Wochentag nachmittags Schulweb (http://chat.schulweb.de/start.html).

Mehr als die Hälfte der Internetnutzer im Alter von 12 bis 19 Jahren kann über Erfahrungen in Chats berichten, wobei Hauptschüler im Vergleich zu Realschülern und Gymnasiasten am häufigsten chatten, Kinder unter 10 Jahren chatten nur vereinzelt (vgl. JIM, 2007, S. 40).

An sich ist chatten eine schöne Sache, räumliche Entfernungen spielen keine Rolle, chatten ist direkt, man kann „plaudern“, sich verabreden und viele Chats sind kostenlos. Die Anmeldung ist denkbar einfach, meistens genügen E-Mail-Adresse und die Auswahl eines Benutzernamens (Nickname), um chatten zu können.

Cliquen und Schulklassen treffen sich in den diversen Chats, sprechen über Schule, Familie oder Freunde (der Nickname soll Anonymität gewährleisten). Durch die Anonymität ist nicht erkennbar, wer die Person im Chat wirklich ist. Das Gegenüber muss also nicht derjenige sein, für den er sich ausgibt.

Nur eine Minderheit wechselt beim Chatten das „Geschlecht“, die meisten präsentieren sich etwas vorteilhafter, Jugendliche geben sich gerne etwas älter aus.

Sehr gute Chats für Kinder sind: www.seitenstark.de (Zugang mit Nickname und Passwort), www.kindernetz.de (Zugang mit Anmeldeformular von den Eltern) und www.tivi.de (Zugang mit Anmeldeformular von den Eltern). Für ältere Kinder sind empfehlenswert: www.diddl.de oder www.virtuellewelt.de.

Bei den beliebtesten Chats liegt www.knuddels.de mit 31 Prozent ganz weit vorne. Die vielen anderen Anbieter erreichen nicht mal 10 Prozent.

Sehr beliebt sind bei Heranwachsenden die großen Chats der privaten Fernsehsender PRO7, Super RTL und VOX, die sich an alle Altersgruppen richten. In diesen Chats sind die Sicherheitsvorkehrungen längst nicht so rigide wie bei den Chats für Kinder. Der Blick auf die Nicknamen, die provozierend und beleidigend sein können, zeigt bereits, womit in diesen Chats zu rechnen ist. Eine rüde, teilweise sexistische Sprache ist leider ebenso keine Seltenheit wie sexuelle Belästigungen – die passenden Videos oder Bilder werden gleich mitgeliefert.

Diese öffentlichen Räume sind ein beliebter Tummelplatz von Personen, die Chats als Kontaktbörsen nutzen, um auch ihre sexuellen Vorlieben und Fantasien ausleben zu können.

Es gibt sichere und unsichere Chaträume. Eine Übersicht und Bewertung zahlreicher Chats gibt Chatten ohne Risiko (www.chatten-ohne-risiko.net).

Die persönliche Anschrift sowie andere private Daten und Informationen sollen nur mit Vorsicht und genauer Prüfung des Gegenübers mitgeteilt werden. So gab es schon Fälle, in denen pornografische Bilder per E-Mail an Kinder versendet wurden. Auch wenn Polizei und Jugendschutz die verschiedenen Chats regelmäßig besuchen, eine wirkliche Sicherheit gibt es nicht.

Da ist es empfehlenswert, wenn Eltern ihre Kinder zunächst in den Chats „begleiten“ und einen Überblick über die Chataktivitäten der Kinder haben.

Sollte es Belästigungen in einem Chat gegeben haben, können diese bei der zuständigen Stelle (z.B. www.internet-beschwerdestelle.de) gemeldet werden.

In den Chats gibt es private Bereiche („Separees“), in denen sich zwei Personen abseits der anderen Chatter unterhalten können. Weil diese Dialoge von den Anbietern häufig nicht überprüft werden, liegen dort die größten Gefahren. Wurden die Betreiber über vorgekommene Beleidigungen oder Belästigungen informiert, sind diese gesetzlich verpflichtet, diese Personen vom Chat auszuschließen. Auch kann gefordert werden, dass sie Maßnahmen ergreifen, damit solche Übergriffe erst gar nicht möglich sind.

Gut ist in solchen Fällen, wenn es einen „Screen Shot“ gibt. Auf der Computer Tastatur gibt es eine Taste, die mit D oder DRUCK beschriftet ist. Wenn man darauf drückt, wird der Inhalt des Bildschirms in die Zwischenablage von Windows kopiert (das nennt man einen Screen Shot). Mit einem Bildbearbeitungsprogramm kann die Grafik mittels der Zwischenablage eingefügt und bearbeitet werden.

Uhrzeit und Datum sind wichtig. Der Vorfall sollte genau beschrieben werden, notwendig ist auch der Nickname des Belästigers. Wenn möglich, sollte auch das Chat-Protokoll gesichert werden.

38 Prozent der Jugendlichen berichten über unangenehme Erfahrungen in Chat-Räumen, hierzu zählen Belästigungen und intime Fragen. Immerhin 53 Prozent gaben in der JIM-Studie an, nach persönlichen Daten wie Name und Adresse gefragt worden zu sein. Mädchen haben mit 46 Prozent deutlich häufiger Unangenehmes im Chat erlebt als Jungen, was mit zunehmendem Alter noch mehr wird (vgl. JIM, 2007, S. 50).

Positiv ist, dass Jugendliche im Vergleich zum Vorjahr vorsichtiger bei der Weitergabe der persönlichen Daten sind. So haben 48 Prozent der Mädchen und 28 Prozent der Jungen die Antwort darauf verweigert. Werden Chatbekanntschaften intensiver, liegt ein persönliches Treffen nahe.

33 Prozent der Chatnutzer haben bereits mit Personen, die sie im Chat kennengelernt haben, telefonisch Kontakt aufgenommen. Hauptschüler sind dabei offener als Gymnasiasten. Ein persönliches Treffen hatten schon 28 Prozent der Chatnutzer (vgl. JIM, 2007, S. 52).

Durch „Emotions“ artikulieren die Chatter ihre Gefühle im Chat. Weit verbreitete „Gefühlsbildchen“ sind:

:-) lustig; :-)) Steigerung: besonders lustig oder erfreut

:-(traurig, schlecht

;-) Augenzwinkern

:-@ brüllt, wütend

8-) Brillenträger

:-D auslachen

:-x Küsschen

Viele Texte werden mit Abkürzungen versehen, die Außenstehende verwirren. Hier sind einige Beispiele:

B4 (before) vorher

KISS (keep it simple, stupid) etwas einfacher bitte, bitte einfach halten

THX (thanks) Danke

EOT (end of thread) Ende des Themas

BCNU (bee seeing you) Tschüss, bis dann

Die Netiquette (ungeschriebene Regeln des korrekten Umgangs im Internet) sind zwar den meisten Jugendlichen bekannt, viele halten sich jedoch nicht daran. Angebracht ist es daher, das Kommunikationsverhalten der Jugendlichen untereinander zu thematisieren.

Chats haben sich zu einer wichtigen Ausdrucksform in der jugendlichen Kultur etabliert und bieten die Möglichkeit, ein „Bild" vom Gesprächspartner zu erhalten. Wer ist die andere Person? Was macht sie? Welche charakterlichen Eigenschaften zeichnet sie aus? In den Chats wird über die Körpergröße, das Gewicht, die Hobbys diskutiert. Die Motivation der Mädchen im Chat besteht darin, sich zu präsentieren, sich selbst darzustellen: „Ich bin 14 Jahre, habe blaue Augen, bin 170 cm groß, sehr sportlich und trage meine Haare in einem langen Zopf."

Interessant ist schon, welches Bild sich der Lesende von dieser Person vorstellt. Was bedeutet sportlich? Wie lang ist der Zopf wirklich und welche Farbe haben die Haare?

Mädchen mögen diese Form der Kommunikation besonders gern: Sie schreiben, mit wem sie Probleme haben, in wen sie verliebt sind oder warum sie gerade traurig sind. Sie tun dies, weil sie im Chat mit ihrer „besten Freundin" sprechen. Darum sind Mädchen bei Übergriffen in Chats prozentual häufiger betroffen als Jungen.

Da Kinder unter 14 Jahren in der Regel nicht über die persönliche Reife verfügen, sind sie bei dieser Form der Kommunikation zudem stärker gefährdet.

Beziehungen im Chat entwickeln sich zunächst aus Vorstellungen, die nicht real sein müssen. Die Nagelprobe kommt beim ersten persönlichen Treffen, dann zeigt sich nämlich, ob die Beziehung Bestand hat. Kinder sollten sich niemals allein mit dem Chat-Partner treffen. Wenn ein Treffen stattfindet, dann nur an einem „sicheren Ort" (z.B. Elternhaus) oder in Begleitung der Eltern.

Im Chat trifft man Menschen, die einen so mögen, wie man ist oder gerne wäre, und die einen in seinen Urteilen bestätigen. Zu erkennen, dass dies eine „Scheinwirklichkeit" und nicht die Realität ist, bedeutet, erwachsen zu werden. Krankhafte Züge nimmt es an, wenn Menschen sich zusehends ihre Selbstbestätigung und das Selbstwertgefühl in den Chats holen. Im Grunde fördern andere Internetangebote wie Second Life ebenfalls diese Entwicklung.

Neben sexueller Anmache, die das Image der Chats beschädigen, sind vor allem auch Pöbeleien und Mobbing unter den Jugendlichen eine problematische Seite der Chats.

Belästigungen und Beschimpfungen nehmen Kinder und Jugendliche häufig sehr persönlich, sie können sich nicht ohne Weiteres davon distanzieren. Bei anzüglichen und pornografischen Darstellungen sind sie häufig überfordert.

Reden ist gut, Kontrolle manchmal besser. Eltern sollten wissen, in welchen Chats sich ihre Kinder tummeln. Noch besser ist es, wenn Eltern ihre Kinder mal beim Chatten beobachten können oder selbst mitchatten. Dann wissen sie, wie mit Beschimpfungen im Chat umgegangen wird, ob Chatter ausgeschlossen werden und wie sich die Moderatoren verhalten.

Im Chat vergessen viele schnell die Zeit. Chats sind aber eine Form von Medienkonsum. Altersgemäße Vereinbarungen helfen, diese Zeiten zu begrenzen.

Für den Chat braucht es einen Nicknamen, dieser sollte niemals der wirkliche Name sein, aber auch keiner, der zur sexuellen Anmache auffordern könnte. Bei aller berechtigten Kritik an den Chats sollte nicht übersehen werden: Der überwiegende Austausch im Chat findet mit Menschen statt, die den Kids direkt bekannt sind.

Schnäppchen oder Falle? – Kaufen im Internet

„3 2 1 – meins"; fast jeder kennt heute den Werbeslogan von ebay. Dort gibt es vom Autozubehör bis zur Zahnbürste alles zu kaufen. Nicht nur gewerbliche Anbieter preisen ihre Waren an, Hunderttausende verkaufen Computerzubehör, Kindersitze, Fahrräder, Kleidungsstücke, Porzellan, Spielzeug und vieles mehr. Kaufen und Verkaufen hat ebay Millionenumsätze eingebracht. Das Bieten ist attraktiv und hat in gewisser Weise die Faszination eines Gewinnspiels. Gelingt es, zu den günstigsten Bedingungen einen Artikel zu ersteigern, ist die Freude groß. Von diesem Geschäftsmodell lebt ebay sehr gut, ob aber die Auktionäre immer ein gutes Preis-Leistungs-Verhältnis ersteigern, ist damit nicht gesagt. So gibt es immer wieder Preisabsprachen oder Preise werden gezielt hochgetrieben. Kommen noch die Versandkosten hinzu, ist das angeblich so günstige Angebot eventuell teurer als im Handel. Nicht von ungefähr plädieren die Verbraucherschützer für eine genaue Prüfung und raten im Vorfeld, Vergleichsangebote über den Handel einzuholen.

Kaufen und Verkaufen wird im Internet immer populärer. E-Commerce lautet denn auch das Geschäftsmodell vieler Unternehmen, die erhebliche finanzielle Mittel in das Onlinemarketing und den Onlinehandel investieren. Die GFK (www.gfk.de) hat für das Jahr 2006 ermittelt, dass die Deutschen über 15,3 Milliarden Euro für Waren und Dienstleistungen ausgegeben haben, die direkt über das Internet gekauft wurden; dies entspricht einer Zunahme von 18 Prozent im Vergleich zum Vorjahr mit steigender Tendenz, 2008 könnten es 20 Milliarden werden.

Rund um die Uhr einkaufen, vorher die Waren in Ruhe am heimischen Computer prüfen und auswählen ist nicht zuletzt auch für Jugendliche faszinierend, zumal das Einkaufen im Internet im wahrsten Sinne des Wortes kinderleicht ist.

74 Prozent der Jungen und 62 Prozent der Mädchen in der Altersgruppe der Zwölf- bis 19-Jährigen hat bereits Erfahrungen mit dem Einkaufen im Internet gemacht (vgl. JIM, 2007, S. 44). Kleidung, Schuhe, Musik-CDs, auch Bücher, Konzertkarten und Computerzubehör werden gerne online gekauft.

Mehr als die Hälfte der Jugendlichen bezahlt mittels Rechnung, 18 Prozent zahlen mit der Kreditkarte der Eltern und acht Prozent mit einer eigenen Kreditkarte (vgl. JIM, 2007, S. 45). So attraktiv es ist, rund um die Uhr vom heimischen Computer aus shoppen zu können, risikolos ist es nicht. Immerhin schon 15 Prozent der Zwölf- bis 19-Jährigen wurden bei den Einkäufen reingelegt, weil sie beispielsweise kostenpflichtige SMS-Dienste oder Downloads in Anspruch genommen haben.

Obwohl Jungen wie Mädchen in gleicher Weise davon betroffen waren, zeigt sich, dass mit zunehmender Aktivität im Internet und Alter die „Abzocke" zustatt abnimmt.

Angeblich günstige Angebote für Handys entpuppen sich dann als Betrug, die bezahlte Ware kommt entweder nie beim Kunden an oder ist minderwertig. Von diesen Gefahren sind vor allem ältere Jugendliche betroffen. Wer bei den großen Versandhäusern und Markenherstellern kauft, ist hingegen vor Abzocke sicher.

Bei Büchern und DVD ist Amazon für viele die erste Adresse. Der größte Onlineshop im Internet verkauft so ziemlich alle Medien. Das Beispiel Amazon zeigt aber auch, wie die Kommerzialisierung im Internet zusehends voranschreitet, denn Amazon weiß, was der Käufer will. Wer dieses Buch oder jene DVD gekauft hat, erhält den Hinweis, was andere Käufer bei dieser Ware zudem gekauft haben. Amazon geht noch weiter, bei einem späteren Besuch wird auf der Webseite der Bereich „Für Sie dokumentiert" angezeigt. Dort werden die zuletzt vom Besucher angezeigten Artikel und Produktkategorien aufgelistet. Diese Funktion lässt sich zwar deaktivieren, zeigt aber, wie leicht „Nutzerprofile" abgebildet werden können.

In ihren Zielen sind die Internetanbieter überwiegend ähnlich: Sie versuchen die Wünsche und Vorlieben ihrer Kunden möglichst genau zu kennen, um weitere Kaufanreize setzen zu können. Das funktioniert, indem die Anbieter Informationen über Alter, Wohnort, Leseeigenschaften, Vorlieben für Genres, Freizeitverhalten, Urlaubsziele usw. einholen. Sonderangebote,

Gratisangebote oder Gewinnspiele sind einige der Methoden, um diese Informationen zu sammeln, die dann in den Datenbanken gespeichert, laufend aktualisiert und elektronisch ausgewertet werden und die Grundlage für ein auf den einzelnen Kunden individuell zugeschnittenes Angebot darstellen.

Der „gläserne Mensch" – ein utopisches Schreckgespenst? Ganz und gar nicht! Datenschützer erregen sich nicht ohne Grund über die schlampige Art, wie mit Verbraucherdaten umgegangen wird. Die Konsequenz kann daher eigentlich nur heißen: Möglichst wenig an Informationen geben.

Werbeplattform Internet

Kaum eine kommerzielle Webseite, auf der nicht Banner am Bildschirmrand eingeblendet sind, Pop-Ups aufklappen und Werbung geschaltet ist.

Kinder können, je nach ihrem Alter, die Werbeeinblendungen nicht als solche einordnen, glauben, es handle sich um einen Teil dessen, was sie gerade spielen.

Unternehmen versuchen geschickt, Inhalte mit Werbung zu verweben. Denn die jungen Kunden gehören zu einer heftig umworbenen Werbezielgruppe, sie verfügen über finanzielle Mittel und können Kaufentscheidungen (z.B. der Eltern) mitbeeinflussen.

Wie sehr das Internet mit Werbung durchdrungen ist, zeigen die Suchdienste, bei denen Firmen Anzeigen schalten können, die bei den Suchanfragen eingeblendet werden. Seriöse Suchdienste kennzeichnen die Angebote.

Die Kommerzialisierung des Internets beschränkt sich nicht nur auf Autobauer, Kaufhäuser und Reiseveranstalter, sondern zieht sich wie eine roter Faden durch das gesamte Internet. Die Betreiber der Communities schalten ebenso Werbung wie staatliche, soziale und kirchliche Einrichtungen. Da gibt es Werbelinks, Werbebanner und Gewinnspiele. Vor allem Letztere sind für viele Kinder und Heranwachsende verführerisch, denn wer möchte nicht das neueste iphone, den brandneuen Laptop oder das superschicke Handy gewinnen? Doch bevor der mögliche Gewinn in Empfang genommen werden kann, sind die Teilnahmebedingungen auszufüllen und da steht immer öfter, dass die Daten von Sponsoren und Partnerunternehmen verwendet werden dürfen. Damit werden mitunter unwissend die vorhandenen Datenschutzregelungen ausgehebelt. Im Fachjargon wird dies B2B „Business to Business" genannt, Kundendaten werden zu Werbezwecken von einem Unternehmen zum anderen verkauft. Um das zu vermeiden, hilft nur die gründliche Prüfung der Teilnahmebedingungen.

Heiß umworben von der Werbeindustrie sind die jugendaffinen Plattformen, weil über die sozialen Netzwerke sehr einfach Informationen über die Zielgruppen gesammelt werden können. Und da die Plattformen quasi umsonst den Werbefirmen die notwendigen Informationen bereitstellen, sind sie der ideale Nährboden für eine zielgerichtete Werbung.

Aus Sicht der Anbieter sozialer Netzwerke ist es nur konsequent, wenn sie Anzeigen und Top-Suchbegriffe auf ihren Internetseiten (z. B. www.schuelerVZ.de) platzieren.

Aus Elternsicht sollten Kinder und Jugendliche aufgeklärt werden, wie kreativ die Anbieter vorgehen, um „Klicks" zu erhalten. Auch sollten Kinder und Jugendliche wissen: Das Internet ist ein gigantisches Kaufhaus, in dem nicht alles wahr ist.

Kinder müssen auch wissen, dass es gerade im Internet „Mogelpackungen“ gibt; sie brauchen Kriterien, die ihnen helfen, zwischen Wahrheit und Übertreibung zu unterscheiden. Sie sollten lernen, Inhalte im Internet immer auch kritisch zu hinterfragen: Wer ist für die Angebote auf der Internetseite verantwortlich? Gibt es ein Impressum? Wenn ja, wer ist im Kontaktbereich eingetragen? Sinnvoll ist es, Informationen über den Anbieter einzuholen. Wer bei ebay kauft, sollte sich die Bewertungen des Anbieters anschauen.

Wenn das Internet einen Vorteil hat, dann diesen, dass man ganz in Ruhe die verschiedenen Anbieter prüfen kann und kein Verkäufer hinter einem steht, der einen drängt.

6. Die hässliche Seite des Internets

Erinnern Sie sich noch an das Geiseldrama von Gladbeck 1988? Auf allen Kanälen wurde etwas nie da Gewesenes in Bild und Ton gezeigt. Journalisten interviewten die Geiselnehmer, wie diese mit ihren Geiseln im Auto sitzen. Unglaublich aber wahr, einer der Geiselnehmer hält während der Berichterstattung der Geisel seine geladene Waffe an den Hals. Bei der späteren heftigen Diskussion um ethische Maßstäbe in der Berichterstattung werden die Medienvertreter sagen, sie seien verpflichtet gewesen, dieses „Zeitdokument“ zu senden. Beispielhaft lässt sich daran dokumentieren, wie ein lokales Ereignis (die Geiselnahme in Gladbeck) durch die Medien über mehrere Tage zur wichtigsten nationalen Meldung wird. Das Beispiel zeigt, dass Fiktion und Realität zusehends verschwimmen. Der Fernsehzuschauer bekommt den Eindruck, er sei Teil eines „Krimis“, mit dem besonderen Kick, dass diese Geschichte absolut real war und in einem Drama mit Toten endete.

Wie sehr sich die Gesellschaft zur Mediengesellschaft verändert hat, möchte ich an einem zweiten Beispiel dokumentieren: Die Live-Berichterstattung des 11. September. Mit diesem Tag wurden alle Katastrophenfilme, die Hollywood je produzierte, von der Realität eingeholt.

Kein Hollywood-Regisseur hätte wirkungsvoller diese Katastrophe inszenieren können. Nur: Wie beim

Geiseldrama in Gladbeck starben hier leibhaftige Menschen, kommt der Terror via Satellit und Internet live in die Wohn- und Kinderzimmer.

Es gibt sie, die hässliche Seite der Medien mit Anleitungen zum Bombenbau, Aufrufen zu terroristischen Angriffen, Volksverhetzung oder Kinderpornografie.

Wenn uns Arbeitsmediziner sagen, dass ein Internetjahr dreimal so stressig sei wie ein normales und geistiger und seelischer Stress durch Computerspiele erzeugt werden kann, bekommt die schöne Internetwelt deutliche Risse, dann kommt einem das Internet wie ein Raubtierkäfig im Zoo vor. Die Frage ist dann nur, stehen wir davor oder sitzen wir darin? Die Heilsversprechen im Internet, hohe Kompetenzansprüche und eine dauerhafte Erreichbarkeit durch Mobiltelefone sowie die ungeklärten Fragen zu den gesundheitsschädigenden Folgen von Handy, Internet und Co. zeigen: Wir müssen mit den neuen Medien aufpassen. Da mobben Klassenkameraden ihre Mitschüler, da werden Daten ausspioniert, da werden ohne Zustimmung Videos von Schülern und Lehrern aufgenommen und veröffentlicht, da gibt es jede Menge Hass und noch viel mehr Pornografie.

Es kann einem im wahrsten Sinne des Wortes „angst und bange" werden. Der Argwohn vor dem Internet von Eltern und Pädagogen ist durchaus berechtigt.

Während in Deutschland der Jugendschutz eine hohe Priorität genießt und die Schutzregelungen eindeutig sind, ist dies in vielen anderen Staaten längst nicht so. So sind dort rassistische, pornografische oder gewaltsame Darstellungen teilweise zulässig oder werden geduldet. Ein großes Problem besteht darin, dass es keine grenzüberschreitenden Jugendschutzstandards gibt, wenngleich Kinderpornografie weltweit verboten ist. In Deutschland sind außerdem Bilder verboten, die

Kinder „in unnatürlich geschlechtsbetonter Körperhaltung“ zeigen.

Absolut notwendig sind daher Sicherheitsvorkehrungen, damit Kinder und Jugendliche nicht mit Inhalten konfrontiert werden, die ihre Entwicklung beeinträchtigen können. Jugendschutzprogramme könnten eine wirksame Hilfe sein, ein bisher anerkanntes Programm ist jedoch (noch) nicht verfügbar. Deshalb müssen Eltern mit darauf achten, dass ihre Kinder ungeeignete Seiten nicht besuchen; weitere Informationen dazu gibt die Homepage der Kommission für Jugendmedienschutz (www.kjm-online.de).

Kinder und Jugendliche müssen vor pornografischen, rassistischen und gewaltverherrlichenden Seiten geschützt werden. Eine wichtige Rolle erhält die gemeinsame Einrichtung der Bundesländer www.jugendschutz.net mit der Aufgabe, im Netz nach Text- und Bilddarstellungen zu suchen, die Kinder und Jugendliche in ihrer Entwicklung negativ beeinflussen. So hat die Einrichtung 2006 in 2625 Fällen Maßnahmen gegen Internetanbieter eingeleitet. Fast die Hälfte dieser Verstöße konnte auf deutsche Seiten zurückgeführt werden. Die Beanstandungen führten in zwei Drittel der Fälle dazu, dass diese beseitigt wurden.

Kontinuierlich steigt dagegen jährlich der Anteil von ausländischen Seiten, die gegen den Jugendschutz verstoßen. Der Großteil dieser Angebote stammt aus den Vereinigten Staaten. Vermehrt wurden pornografische Inhalte auf niederländischen Seiten gesichtet, aufgefallen sind aber auch russische Anbieter.

Eine vordringliche Aufgabe ist deshalb die Bekämpfung der sexuellen Vermarktung von Kindern und Jugendlichen im Internet.

Ein weiteres Problem stellen die vielen Suizid-Foren dar. Nach der Beanstandung durch jugendschutz.net wurden die meisten Angebote von den Anbietern entfernt.

Doch noch immer tauchen im Netz vermehrt Websites auf, die sich dem Schlankheitswahn verschrieben haben. Der Weg vom Schlanksein bis zur Magersucht ist fließend. Auch wenn unklar ist, in welcher Weise bestimmte Fernsehformate (z.B. Germany's next Topmodel) diesen krankmachenden Trend begünstigen, darf nicht übersehen werden, dass sie Einstellungen und Verhaltensweisen vermitteln, die in Teilen sicher fragwürdig sind.

Das stellt Eltern vor ein großes Dilemma: Wie können sie abschätzen, welche negativen Wirkungen Internet und Co. auf ihre Kinder haben und wie können sie dem entgegensteuern? Da ist es nur zu verständlich, wenn Eltern nach Antworten und Orientierungen suchen und Institutionen um Rat fragen, weil ihnen zusehends deutlicher wird, wie hilflos sie den Entwicklungen ausgesetzt sind. Familienbildung und Jugendhilfe bekommen in diesem Zusammenhang sicher eine wichtige Rolle in der Elternberatung.

Vorsicht: Datenklau und Spionage

Sicher haben Sie es auch schon im Internet erlebt. Sie geben eine Webadresse ein und schon öffnet sich wie von Geisterhand ein neues Fenster mit der Meldung: „Herzlichen Glückwunsch! Sie sind der 999.999 Besucher und wurden als möglicher Gewinner ... ausgewählt." Was auf den ersten Blick wie ein Gewinn aussieht, entpuppt sich fast immer als Bauernfängerei und Betrug. Ob die Gewinnbenachrichtigung per E-Mail oder das Pop-Up-Fenster auf der Webseite, die Masche ist fast immer gleich. Um den Gewinn zu erhalten, ist eine „Transfergebühr“ oder „Bearbeitungsgebühr“ zu überweisen, im Regelfall auf ein ausländisches Konto.

Sehr bekannt sind im Netz E-Mails einer „Nigeria-Connection“. In einem schlechten Deutsch oder Englisch wird die Geschichte einer Erbschaft erzählt. Um diese Erbschaft antreten zu können, wird Hilfe aus dem Ausland benötigt. Versprochen wird, dass ein Anteil an dieser Erbschaft später ausgezahlt wird, was natürlich nie geschieht.

Verbraucherschutzzentralen weisen laufend darauf hin, bei Gratisdiensten oder Gewinnangeboten vorsichtig zu sein. Fast immer sollen persönliche Daten eingetragen werden, die im günstigsten Fall nur für Werbezwecke verwendet werden. Das füllt dann bestenfalls das Postfach mit diversen Werbeangeboten.

Die Methoden werden ständig verfeinert, eine genaue Prüfung der Allgemeinen Geschäftsbedingungen ist unumgänglich, um nicht aus Versehen ein Zeitschriftenabonnement oder einen Handyvertrag abgeschlossen zu haben.

Skrupellos sind die Betrüger, die methodisch sehr professionell arbeiten und enorme kriminelle Energie auf das Ausspionieren sensibler Zugangsdaten von Konten, dem „Phishing“, verwenden. Sie versenden fingierte E-Mails mit dem Link zur angeblichen Startseite der Bank und dem Hinweis, aufgrund eines technischen Defektes solle man sich bitte einmal neu anmelden und versuchen, so die Zugangsdaten auszulesen. Laut Pressemitteilung des Bundeskriminalamtes kam es 2006 zu 3500 Phishing-Fällen mit einer Schadenshöhe von 2000 bis 3000 Euro – Tendenz steigend.

Gefahr droht aber auch von den täglich eingehenden E-Mails, die beim Öffnen unerwünschte Programme (Malware) installieren, von denen der Besitzer nichts weiß.

Computerviren richten jährlich Millionenschäden an, vom „harmlosen“ Absturz bis zum vollständigen Datenverlust. Ständige Datensicherungen sind in Firmen Standard, vielen Privatnutzern aber anscheinend fremd. Und es gibt immer noch Personen, die kein Antivirenprogramm installiert haben bzw. nicht wissen, dass es ständig aktualisiert werden muss, weil täglich neue Würmer und Trojaner auftreten. Würmer kopieren sich selbstständig und verbreiten sich durch E-Mails. Trojaner sind Viren, die einen Computer nach bestimmten Daten ausspionieren. Häufig ist in den Trojanern „Spyware“ versteckt, die private Daten wie Kontonummern und Passwörter ausspionieren und vom Benutzer unbemerkt über eine Internetverbindung versendet werden.

Spam-Mails (unerwünschte Werbemails) sind die zurzeit größte Plage, sie sind in Deutschland verboten und werden von ausländischen Servern oder von virenbefallenen Computern versendet. Über 90 Prozent der eingehenden E-Mails sind Spam. Abhilfe schaffen nur spezielle Sicherheitseinstellungen und Softwareprogramme, die z.T. kostenlos im Internet zur Verfügung stehen.

Wer seine Haustür nicht abschließt, darf sich nicht wundern, wenn anschließend das Haus durchwühlt und Wertgegenstände gestohlen werden. Mit Computerdaten verhält es sich ähnlich. Bereits bei der Windows-Anmeldung sollte ein Passwort eingestellt werden.

Um sich Passwörter leichter merken zu können, werden gerne persönliche Daten (Geburtstag, Namen der Kinder, Telefonnummern …) genommen. Ratsam ist das nicht, weil sie leicht geknackt werden können. Die folgenden Beispiele sollte man ebenfalls nicht verwenden: Anna (Name), Anna14 (Name und Geburtsjahr), ab95 (Initialen und Geburtstag). Manche verwenden Passwörter aus Wörterbüchern, diese sind ebenfalls nicht geeignet, denn es gibt Programme, die die Wörter ausprobieren. Je kürzer Passwörter sind, umso leichter können sie geknackt werden. Sie sollten mindestens sechs Zeichen lang sein, besser sind zwölf und mehr. Unsicher sind Zahlen- oder Buchstabenreihen (z. B. 123456, abcdefg) und grob fährlässig ist es, Passwörter über lange Zeiträume und mehrfach zu benutzen.

Die Zeichenzusammensetzung des Passwortes sollte komplex sein, aus mehr als vier Zahlen oder Buchstaben bestehen. Der Sinn eines Passwortes liegt darin, dass es nicht ganz so leicht erraten werden kann und sich doch leicht einprägen lässt. Das erinnert an die Quadratur des Kreises: Die Kombination aus Buchstaben und mindestens einer Zahl oder einem Sonderzeichen ist schon sinnvoll und das Passwort sollte geheim bleiben. Dringend zu empfehlen ist, die Passwörter nach einer längeren Zeit zu wechseln. Als Faustregel gilt: Je sensibler die Daten, desto kürzer (ca. alle drei Monate) sollte der Zeitraum des Passwortwechsels sein.

Passwörter, die nicht so leicht geknackt werden können, die man sich aber trotzdem gut merken kann, bestehen aus mehr als sechs Zeichen, enthalten zufällige Kombinationen von Zeichen (Groß- und Kleinschreibung, Zahlen, Buchstaben und Sonderzeichen).

Das Passwort selber ist so konstruiert, dass es einen Rückschluss auf den Benutzer nicht gibt, und sollte für den Außenstehenden als Wort nicht lesbar sein (z. B. wws20jie4-zwik). Nur, wie soll man sich dieses Passwort merken? Das Prinzip ist einfach und doch effektiv: Sie denken sich einen Satz mit mindestens einer Zahl aus und bilden das Passwort aus den ersten Buchstaben des Wortes. Z. B.: „Wir wohnen seit 20 Jahren in einer 4-Zimmer-Wohnung in Köln (wws20jie4-zwik).

Der Vorteil dieser Eselsbrücke ist, dass Sie sich den Satz leicht merken können, er enthält 14 Zeichen und für Außenstehende ist nicht erkennbar, nach welcher Systematik das Passwort gebildet wird. Bei der Bildung des Satzes sollten Zeichen und Sonderzeichen mitberücksichtigt sein.

Falsche Freunde – Cybermobbing

In der Süddeutschen Zeitung vom 28. November 2008 steht in einer kurzen Notiz „Frau wegen Mobbings im Internet verurteilt". Von einem amerikanischen Gericht wurde eine 49-Jährige für schuldig befunden, gemeinsam mit ihrer Tochter und einem Freund aus purem Spaß einer 13-Jährigen eine virtuelle Internet-Freundschaft auf der Internetplattform MySpace vorgegaukelt zu haben. Die 13-Jährige hatte Komplexe, die diese schamlos ausnutzten und ihr unter einem männlichen Pseudonym eine Internetfreundschaft vorspielten. Diese kündigten sie mit den Worten auf, dass die Welt ohne das 13 Jahre alte Mädchen schöner wäre, kurz darauf nahm sich das Mädchen das Leben (vgl. http://www.spiegel.de/netzwelt/web/0,1518,518042-3,00.html).

Cyber-Mobbing oder Cyber-Bullying meint die Nutzung von modernen Kommunikationsmitteln mit dem Ziel, anderen Menschen Schaden zuzufügen. Bekannt geworden ist diese Form des Mobbings durch Schüler, die Lehrer im Internet bloßgestellt haben. Diese filmten Lehrer, bearbeiteten die Bilder und stellten sie anschließend in das Internet. Doch auch unter den Schülern selbst ist diese Form verbreitet, um Mitschüler zu ärgern.

Die Folgen sind für die Betroffenen oft katastrophal und führen nicht selten zu psychischen Problemen und

Depressionen, in schlimmsten Fällen sogar zum Suizid. Angemessene Hilfen erhalten die Betroffenen oft nicht, weil weder Eltern noch Lehrer das Problem kennen. Gesetzliche Regelungen gegen Cybermobbing gibt es erst in wenigen Staaten (z. B. Großbritannien).

In Deutschland sind Portale wie www.spickmich.de oder www.meinProf.de heftig umstritten, weil dort Lehrer und Professoren bewertet werden können und diejenigen, die negativ beurteilt werden, sich in Teilen gemobbt fühlen. Die Bewertungen erfolgen anonym und Rankings klären darüber auf, wer Spitze oder Flop ist. Vielleicht würden diese Portale überflüssig, wenn es eine Feedback-Kultur an den Schulen und Hochschulen gäbe. Noch gibt es wenige Veröffentlichungen zu dem Thema, eine Befragung, die die Universität Koblenz 2007 durchführte, ergab: Etwa 20 Prozent gaben an, bereits von Cyber-Mobbing betroffen zu sein (vgl. http://www.zepf.uni-landau.de/das-zepf/mitarbeiter/jaeger-reinholds/veroeffentlichungen/). Noch gibt es jedoch keine verlässlichen Zahlen, wie viele Schüler und Lehrer davon betroffen sind. Das Problem verharmlosen wäre der falsche Weg, zumal es eine ganze Reihe von Internetseiten dazu gibt. In Communities (z. B. www.schuelercc.de) beleidigen Schüler Lehrer übel oder machen erniedrigende Scherze mit Eltern, wie ein Video auf YoutTube zeigte. Aufgenommen wurde, wie ein Schüler dem Lehrer die Hose herunterzieht. Das Video ist mittlerweile von den Betreibern der Videoplattform entfernt worden.

Harmlos sind die Portale für die Betroffenen keineswegs: Lehrer klagen über körperliche und psychische Belastungen, Angstzustände und Depressionen. Nach deutschem Recht müssen beleidigende Beiträge vom Betreiber der Internetplattformen entfernt werden. Gegen die „Benotung“ durch Schüler können Lehrer nur dann gerichtlich vorgehen, wenn sie diffamiert werden, alles andere unterliegt dem Recht der Meinungsfreiheit. Filmaufnahmen dürfen nur mit Zustimmung veröffentlicht werden, ansonsten wird das Persönlichkeitsrecht verletzt.

Um zu wissen, ob man selbst „Opfer“ geworden ist, hilft es, den eigenen Namen in Google zu suchen. Sollten Verunglimpfungen im Internet stehen, die Seiten sichern und die Polizei einschalten. Doch damit wird man des Problems in den Schulen nicht Herr werden können. Hier hilft wohl nur ein gutes Schulklima und die Einsetzung von „Feedback-Instrumenten“.

Hetze und Pornografie

Eine amerikanische Softwarefirma will ermittelt haben, dass etwa 80 Prozent der Einträge in den Weblogs anstößig oder beleidigend sind. Manche Betreiber sehen ihre Kommentare wohl darin, andere Menschen zu diskreditieren (z. B. www.dontdatehimgirl.com, dort werden ehemalige Freunde bloßgestellt oder www.platewire.com, wo über Autofahrer geschimpft wird).

Besonders pikant daran ist, dass die Personen, die genau beschrieben und namentlich genannt werden, meistens nichts ahnen, wer was über sie schreibt. Und dank google Maps gibt es Luftbilder, die zeigen, wo diese „unverschämten“ Menschen wohnen (z. B. www.rottenneighbor.com). Spezielle Anbieter (z. B. www.datenwachschutz.de, www.saubereweste.de) versprechen den Betroffenen gegen eine Gebühr, das Internet nach ihrem Namen zu durchforsten. Werden sie fündig, melden sie es dem Kunden, der entscheiden kann, ob die Daten gelöscht werden sollen. Ob die gewünschte Wirkung eintritt, ist jedoch umstritten. Üble Nachrede könnte noch ein harmloseres Problem im Vergleich zu den ekelerregenden Gewaltdarstellungen, dem puren Rassismus und der schamlosen Darstellung, die es in Hülle und Fülle im Internet gibt, sein. Diese im höchsten Maß jugendgefährdenden Inhalte sind mit einem einzigen Link aufrufbar.

Auch rechtsextreme Gruppen haben schon früh die grundlegende Bedeutung des Internets für ihre Ziele erkannt und nutzen es als Werbeplattform. Die Webseiten der Rechtsextremen sind professionell aufgebaut, richten sich direkt an Jugendliche und ködern diese mit Musik, die sie von ihren Webseiten kostenlos herunterladen dürfen. Auf der Videoplattform YouTube gibt es zahlreiche Links, die zu rechtsextremen Videos führen.

Internetdarstellungen, die Gewalt verharmlosen oder verherrlichen, sind nach deutschem Recht verboten (vgl. § 4 Abs. 1 Nr. 5 Jugendmedienschutz-Staatsvertrag).

Verboten sind Volksverhetzung oder Hetzkampagnen gegen bestimmte Teile der Bevölkerung, wenn zur Gewalt gegen diese Mitbürger aufgerufen wird oder wenn diese menschenverachtend verleumdet werden. Das gilt auch für Internetseiten, die den NS-Völkermord verharmlosen oder leugnen. Aber auch das Verwenden von Nazi-Symbolen zur Propaganda auf Internetseiten ist untersagt, dazu zählen z. B. Grußformeln oder die Verlinkung auf solche Seiten.

Absolut verboten ist es, Kinder oder Jugendliche in unnatürlich geschlechtsbetonter Weise darzustellen (vgl. § 4 Abs. 1 Nr. 9 Jugendmedienschutzvertrag). Entscheidend ist nicht das Alter, sondern der entstehende Eindruck!

Auf Millionen von Seiten preisen Frauen und Männer ihre Dienste an. Da gibt es Gratisbilder und spezielle Gastzugänge mit dem Ziel, „Kunden“ auf das pornografische Angebot aufmerksam zu machen. Unterschieden wird zwischen einfacher und harter Pornografie. Einfache Pornografie ist in gewissen Grenzen im Internet erlaubt, darf aber auf Webseiten, die in Deutschland registriert sind (mit der Domain: .de) nicht frei zugänglich sein. Zudem muss Jugendlichen unter 18 Jahren der Zugang verwehrt bleiben. Der Anbieter muss sicherstellen, dass der Nutzer volljährig ist, eine E-Mail-Anmeldung reicht nicht aus, der „Kunde" muss sich ausweisen. Dazu wird das weit verbreitete Postident-Verfahren angewendet, bei dem man sich bei der Post ausweisen muss. Damit ist sichergestellt, dass nur Volljährige das Angebot der Internetseite aufrufen können.

Eine weitergehende Identifizierung gibt es meistens nicht, und wenn keine Filtersoftware installiert ist oder Eltern das Surfverhalten kontrollieren, können sich auch Minderjährige diese Angebote leicht anschauen. Es ist paradox: Für Minderjährige ist es oft leichter, sich die „verbotenen" Inhalte im Internet zu besorgen, als eine entsprechende DVD aus der Videothek auszuleihen. Was viele nicht wissen: Die größten Umsätze in den Videotheken werden durch Videos und DVDs mit pornografischen Inhalten erzielt.

Eine Quantifizierung für das Internet hinsichtlich dieser Inhalte ist bisher nicht möglich. Allerdings gehören die Webseiten mit pornografischen Inhalten mit zu den am häufigsten besuchten, entsprechend vielfältig ist das Angebot. Es wäre naiv zu glauben, die gesetzlichen Vorgaben würden ausschließen, dass diese Angebote nicht Jugendliche unter 18 Jahren erreichen. Es ist auch nicht so, dass die Jugendlichen durch puren Zufall auf solche Angebote stoßen, es gibt Jugendliche, die gezielt nach diesen Inhalten im Internet suchen. Die Angebote sind über Suchmaschinen leicht auffindbar, die Zugangsbeschränkungen dieser Webseiten stellen in vielen Fällen kein wirkliches Hindernis für die Jugendlichen dar. Hinweise wie „Zugang ab 18 Jahren" motivieren einige erst recht, dies mit einem Mausklick zu bestätigen. Noch schneller geht es über die Internetplattform YourPorn, die vielen Jugendlichen bekannt ist und zu den zwanzig am häufigsten besuchten Seiten in Deutschland zählt.

Von den Anfängen des Internets bis heute war die Pornografie ein starker Motor für technische Innovationen wie Kreditkartenzahlung oder Video-Formate.

Die Nutzung von Erotik und Pornografie im Internet ist eine spezifisch männliche Sache. In der JIM-Studie 2005 gab etwa ein Drittel der Zwölf- bis 19-Jährigen an, schon mal mit pornografischen und rechtsradikalen Seiten Kontakt gehabt zu haben.

Die Wege, um auf diese Seiten zu gelangen, sind vielfältig. Das können normale Webseiten mit Links, Chats und Foren, aber auch E-Mails und Instant Messanger sein. Die Motive der (männlichen) Jugendlichen, pornografische Inhalte im Internet aufzurufen, reichen von allgemeiner Neugierde bis zum Interesse an Sexualität, vom Wunsch, „mitreden" zu können, bis zu „ein richtiger Mann sein" und damit in der Gruppe prahlen zu können.

Unabhängig von den gesetzlichen Regelungen hat der Konsum von pornografischen Inhalten Wirkungen. Treue und Partnerschaft, die grundlegende Werte für Ehe und Familie darstellen, werden massiv in Frage gestellt. Frauen und Männer werden auf geschlechtstypische Rollen reduziert und gewalttätiges Handeln (an Frauen) gefördert.

Im deutschen Fernsehen sind pornografische Angebote nicht erlaubt. Erlaubt sind erotische Angebote, die meistens von den privaten Sendern gebracht werden und deutlich zugenommen haben. Nicht selten sind die Produktionen für das Fernsehen „entschärft“ worden. Weit verbreitet sind ferner Computerspiele mit pornografischen Inhalten, von Actionspielen bis zum Strip-Poker.

Als Erwachsene müssen wir davon ausgehen, dass diese Inhalte auch Bestandteil des Erfahrungswissens von Jugendlichen werden. Diese Themen auszublenden und zu tabuisieren, hilft weder in der Sache noch den Heranwachsenden. Auch geht die größte Gefahr des sexuellen Missbrauchs von Kindern und Jugendlichen nicht vom Internet, sondern von der eigenen Familie und Verwandtschaft aus. Bei 80 Prozent von Missbrauchsfällen kommt der Täter aus dem sozialen Umfeld.

Gewalt – nicht nur Quotenjäger im Fernsehen

Im Internet gibt es Filme, die Gewalt in Form von realen oder gestellten Tötungsvideos („Snuff-Videos“) sowie die Darstellung von Unfall- und Gewaltopfern zeigen und die auf den Schulhöfen herumgereicht werden. Bekannt sind „Tasteless-Sites“, auf denen Bilder von toten und entstellten Menschen, aber auch Filme von Hinrichtungen und Steinigungen angesehen werden können.

Die Frage, wie viel Gewalt unsere Kinder vertragen, stellt sich nicht nur im Internet; geht es um die Quote im Fernsehen, sind die Fernsehanstalten ebenfalls wenig zimperlich.

Trotz aller Anstrengungen im Jugendschutz wurden die gewalthaltigen Angebote nicht reduziert, ganz im Gegenteil. Und dank Multimedia und Vernetzung der bisherigen Einzelmedien kann nun auf allen Kanälen geballert, gefoltert und getötet werden. Durch die Mehrfachvermarktung kommen die Heranwachsenden in den zweifelhaften Genuss, die Gewalt nicht nur im Fernsehen und auf DVD zu sehen, sondern auch noch auf dem Computer nachspielen zu können.

Mediale Gewalt wird damit vervielfacht und kommt direkt in die Kinder- und Jugendzimmer. Auch wenn ein einfaches Reiz-Reaktionsverhalten viel zu undifferenziert wäre, wird doch die Wahrscheinlichkeit größer, dass das Sehen von Splatter- und Trash-Videos Einfluss auf das Verhalten haben kann.

Die Süddeutsche Zeitung titelte in der Unterzeile am 21. November 2008: „Sozialwissenschaftler halten es mittlerweile für erwiesen, dass Killerspiele am Computer aggressives Verhalten bei Jugendlichen fördern." Zwar würde der Konsum der Ballerspiele niemanden zum Täter machen, doch meinten die Forscher feststellen zu können, dass die Computerspieler von Ballerspielen „mehr Neigung zu gewalttätigem Verhalten" hätten und ihre schulischen Leistungen schwächer wären.

Gewalt ist ein „Dauerthema" bei den Computerspielen, kommt in mehr als 90 Prozent der Spiele vor. Gewaltverherrlichend sind Computerspiele, wenn die Anwendung von Gewalt belohnt und eingefordert wird.

Nun gibt es unterschiedliche Formen von Gewalt, außerdem kann Gewalt sehr verschieden dargestellt werden. Sie lässt sich als „Ausübung von Macht" definieren, die sich aufteilen lässt in physische Gewalt (z.B. schlagen, treten), psychische Gewalt (z.B. Beleidigungen, Mobbing) und strukturelle Gewalt (z.B. ungleiche Bildungsmöglichkeiten).

In seinem Buch „Vorsicht Bildschirm" geht Manfred Spitzer ausführlich der Frage nach, welche Auswirkungen Gewalt im Fernsehen und in Computerspielen für die Entwicklung der Kinder hat. Zu allen Zeiten gab es Filme (z.B. Scream, Saw …) und Computerspiele (z.B. Doom, Counter Strike), die heftig und kontrovers öffentlich diskutiert wurden. Manche dieser Filme strotzen nur so von Gewalt und Rollenklischees.

Diese Formen von Gewalt kommen nicht nur in Filmen, Computerspielen und im Internet vor, sondern sind Teil unserer gesellschaftlichen Realität und in diesem Sinne stellen Medien das Spiegelbild unserer Gesellschaft dar. Durch Gewalt werden Menschen geschädigt, wie stark, ist abhängig von der Art und Intensität der Gewaltanwendung. Man kann nicht sagen, dass physisches oder körperliches Gewalthandeln für die Betroffenen schädigender ist als psychische oder strukturelle Gewalt oder umgekehrt.

Aus der Lernforschung ist bekannt, dass Kinder aus Erfahrung lernen. Je öfter sie also Gewalt auf den Kanälen und im Internet sehen, umso stärker kann sich das Gesehene in ihrem Gehirn festsetzen. Das ist in etwa vergleichbar mit einem Film, den man schon hundertmal gesehen hat und ganze Passagen mitsprechen kann. Die Gehirnforschung geht davon aus, dass unser Gehirn formbar ist, bei Kindern noch stärker als bei Erwachsenen. Manfred Spitzer fordert daher die „Medienabstinenz". Seine Kausalität lautet: Kinder, die viel fernsehen und dabei viel Gewalt im Fernsehen miterleben, lernen dadurch, Gewalt einzusetzen (vgl. Spitzer, Vorsicht Bildschirm, 2005, S. 51 ff., S. 161 ff.).

Beim Fernsehen sehen Kinder nur die Gewalt, verstärkt wird der Effekt nach Spitzer bei den Computerspielen, weil sie Gewalthandeln aktiv „trainieren" und Töten belohnt wird. Außerdem führt dies zu einer „Desensibilisierung", die Kinder stumpfen ab.

Diagnose: Computersüchtig!

Die Spielplattformen sind rund um die Uhr geöffnet, dort treffen sich zeitweilig mehrere Tausend Spieler. In den meisten Fällen sind die Online-Rollenspiele so aufgebaut, dass bestimmte Aufgaben im Team gelöst werden müssen, um im Spiel weiterzukommen.

Wenn Kinder und Jugendliche stundenlang vor dem Computerbildschirm hocken und spielen, sind sie dann computersüchtig? Wann kann man überhaupt von suchtartigem Verhalten sprechen?

Schaut man sich die vielen Talkshows zu diesem Thema auf den privaten Kanälen an, erhält man zwangsläufig den Eindruck, ein Großteil der deutschen Jugendlichen ist computersüchtig. Weil Computerspielsucht als Krankheit nicht anerkannt ist, finanzieren die Krankenkassen in der Regel keine Therapien. Die behandelnden Ärzte müssen daher weitere psychische Störungen diagnostizieren. In Kliniken werden spezielle Behandlungsangebote angeboten, es gibt aber auch im Internet viele Tipps und Hinweise (z.B. www.onlinesucht.de).

Eine genaue Definition für „Computerspielsucht" gibt es (noch) nicht. Wohl lassen sich Anzeichen für die Sucht benennen: Die Betroffenen können sich nicht vom Computer lösen, sie müssen spielen oder chatten und brauchen immer größere Mengen zur Befriedigung. Sie sind nervös und gereizt, wenn sie nicht spielen können, ziehen sich aus ihrem sozialen Umfeld (Familie, Freunde) zurück. Ihre Leistungsbereitschaft lässt in Schule und Beruf nach. Auf Anfragen reagieren sie verharmlosend oder schieben andere Gründe („viel zu tun ...") vor. Trotz der eigenen Erkenntnis, damit aufhören zu müssen, scheitern die eigenen Versuche.

Wie kommt ein junger Mensch dazu, den halben Tag und die ganze Nacht vor dem Computer zu verbringen?

Versetzen wir uns für einen Moment in einen jugendlichen Spieler, der die Online-Welt von World of Warcraft erkundet, einem der bekanntesten Computerspiele im Internet. Übergehen wir dabei die ersten 20 Stunden, die geprägt sind durch die Schaffung der Spielfigur und die Entscheidung, wie sie aussehen soll. Der jugendliche Spieler kreiert ein neues virtuelles Ich. Bei seinen ersten tastenden Schritten der Erkundung der Umwelt trifft er Mitspieler, mit denen er in Kontakt tritt. Das Ziel besteht bei World of Warcraft darin, in „Gilden“ hineinzukommen. Gelingt das, steigen die Anforderungen und es kommt zu Kämpfen. Der Einzelkämpfer kann dabei nicht siegen, er braucht die Unterstützung der Gruppe (Gilde). Die Kommunikation zwischen den Gruppenmitgliedern ist vor und während eines Kampfes sehr intensiv, im Vorfeld muss die Kampfstrategie entwickelt werden, um später als Sieger den Kampfplatz verlassen zu können und Punkte zu erhalten. Doch es dauert nicht lange und die nächste Prüfung, der nächste Kampf warten. Neue Absprachen sind notwendig, die Kontakte zwischen den Mitgliedern der Gruppe werden dichter und enger. So geht das eine Weile. Irgendwann kommt es zum großen Kampf gegen den Mächtigsten in dieser virtuellen Welt. Der Gegner ist gefährlich, unberechenbar und ausgesprochen findig in der Wahl seiner Mittel. Mit absoluter Konzentration gehen die Spieler ans Werk. Mittels Headset kommunizieren sie live untereinander. Gelingt es, den Kampf für sich zu entscheiden, hat der Spieler es geschafft, gehört zur Elite. Nach vielen Stunden sprichwörtlich „harter Arbeit“ verwundert es nicht, wenn sich die Spieler freuen und stolz auf das Erreichte sind.

Damit ist das Spiel jedoch nicht zu Ende, dafür tragen schon die Spielhersteller Sorge. Die Komplexität der Aufgaben steigt weiter. Selbstverständlich gibt es eigene Kommunikationsbereiche (z.B. Foren). Dort werden die nächsten Schritte vorüberlegt, Ideen und Konzepte ausgearbeitet. Auf Grund der Komplexität reicht die Onlinekommunikation nicht mehr aus, das Telefon bekommt zusehends Bedeutung. In den Gruppen gibt es klare Regeln und Strukturen, die Verlässlichkeit der einzelnen Spieler muss gewährleistet sein, weil ansonsten die ganze Gruppe nicht weiterkommt. Das bedeutet, dass verabredete Zeiten eingehalten werden müssen, das kollidiert jedoch immer öfter mit Schulaufgaben, Abendessen oder Sport.

Anders als Drogensüchtige fallen Computersüchtige weniger auf. Man findet sie nicht in den Einkaufstraßen und den Bahnhöfen. Es gibt keine Beschaffungskriminalität und daher gibt es auch keine verlässlichen Zahlen. Wohl steigen die Zahlen von Einweisungen in psychiatrische Kliniken. Zieht man Beobachtungen von Kinderärzten zu Rate, so klagen diese, dass zunehmend mehr Kinder und Jugendliche Haltungsschäden aufweisen, sie Störungen in der Fein- und Grobmotorik haben und das Essverhalten gestört ist, mit den bekannten Folgen von Übergewicht und Herz-Kreislauf-Schwächen.

Lehrer berichten von Schülern, die emotional gestört und in ihrem Sozialverhalten auffällig sind. Die Zahlen von Kindern, die an der Grenze zu den Auffälligkeiten liegen, mit psychosomatischen Beschwerden, Lernstörungen oder Konzentrationsschwächen dürften deutlich höher liegen.

Die „Computerkids“ können schon unterscheiden, was real und was virtuell ist, das ist nicht das Problem. Die Gefahr, die droht, ist folgende: Wenn der Avatar, die fiktive Spielfigur, die Wirklichkeit überlagert, wenn die virtuelle Welt wichtiger wird als die reale und sich Kinder in der virtuellen Welt wohler, freier und glücklicher fühlen. Dann verschwimmen die Grenzen zugunsten der virtuellen Welt, dann wird die Kommunikation in den Gilden wichtiger als Gespräche mit Eltern und Freunden.

Die jugendlichen Spieler suchen Nähe, Geborgenheit, Freundschaft und neue Herausforderungen und glauben, sie in den virtuellen Welten gefunden zu haben. Das ist zwar trügerisch, verfehlt aber nicht seine Wirkung.

Der Begriff „Sucht" beinhaltet die Suche nach etwas, was im Leben fehlt.

Da nicht alle Kinder psychisch gleich stabil sind, lässt sich nicht allein anhand der gespielten Spiele oder Stunden eine mögliche Suchtgefahr prognostizieren. Es gibt Kinder, die können stundenlang spielen, hören dann wieder auf und beschäftigen sich mit anderen Dingen. Andere wiederum bleiben im wahrsten Sinne des Wortes in den virtuellen Welten hängen.

Kinder brauchen neben der Wertschätzung der Eltern ein Ziel, eine Vision, für die es sich lohnt, sich anzustrengen. Wenn sie diese nicht erhalten, dann dürfen wir uns nicht wundern, wenn sie den Sinn in den „Cyberwelten" suchen. Dann wird konsumiert, dann wird verweigert, dann ist das „Erwachsenwerden" nicht erstrebenswert.

Vergegenwärtigen wir uns die Erkenntnisse, die uns die Neurowissenschaft gibt. Die Entwicklung des Gehirns ist nicht mit dem dritten Lebensjahr abgeschlossen und darf nicht losgelöst von der weiteren Entwicklung des Kindes betrachtet werden. Die Verschaltungen der Nervenzellen wird positiv gefördert durch die Art und Weise, wie ein Kind sein Gehirn einsetzt. Etwas vereinfachend ausgedrückt: Wenn Kinder sich mit Computerspielen auseinandersetzen, so verändert dies die Gehirnaktivitäten.

Wie das Gehirn sich entwickelt, bestimmen wir also selbst mit. Dabei werden die Nervenzellverschaltungen abgebaut, die wir wenig benutzen, während andere, die wir häufig nutzen, ausgebaut werden.

Hinzu kommt der Faktor Angst: Je größer die Angst, desto stärken neigen wir dazu, die uns bekannten Pfade zu beschreiten, d. h. unsere Einstellungen und Verhaltensweisen ändern sich dadurch kaum bis gar nicht. Fähigkeiten und Wahrnehmungen gehen damit natürlich verloren bzw. können sich nicht weiterentwickeln.

Wenn die Angst zum Rückzug auf bekannte Verhaltensmuster führt, wie soll dann eine Weiterentwicklung folgen, wie kann dann Lernen geschehen?

Kommen wir nochmals auf den jugendlichen Computerspieler, der stundenlang am Computer sitzt, zurück. In seinem Gehirn werden jene Verknüpfungen besonders aktiviert, die er für das Spielen benötigt. Die visuelle Kompetenz ist bei diesen Kindern und Jugendlichen sehr stark ausgeprägt. Andere Sinne haben bei Computerspielen eine geringere Bedeutung.

Das Gehirn funktioniert nicht nach einem festgelegten Bauplan, in dem alles vorher programmiert ist, und es entwickelt sich auch nicht allein, sondern braucht Anreize, die von außen (Eltern, Kindergarten, Schule ...) gesetzt werden müssen.

Wir wissen, dass durch Anregung die noch kleinen Nervenverbindungen dicker werden können. Das ist in etwa vergleichbar mit dem Straßennetz: Da gibt es Waldwege, Kreis- und Landstraßen bis zu den sechsspurigen Autobahnen. Die „Autobahnen“ entstehen aber nicht durch das ständige Wiederholen oder die dauerhafte Nutzung, wenn etwas Entscheidendes fehlt: „die Aktivierung der emotionalen Zentren im Gehirn" (vgl. Bergman/Hüther, Computersüchtig, 2006, S. 123). Ohne den Schuss Emotionalität funktioniert das Ganze nicht. Dieses Gefühl setzt z.B. beim Computerspieler ein, wenn der Spieler in die Eliteklasse aufgenommen wurde, einen besonderen Kampf für seine Gilde entschieden hat und ihm nun alle aus der Gilde „auf die Schulter klopfen". Es ist ein Gefühl, dass jeder von uns kennt, die richtige Idee zum richtigen Zeitpunkt, das Siegtor kurz vor Schluss oder die Geburt des Kindes: Das sind besondere Ereignisse, die ein solches Gefühl erzeugen können. Im Gehirn ist es als „Belohnungszentrum" lokalisiert. Dort wird der Botenstoff Dopamin, der zu einem „rauschähnlichen" Zustand führt, ausgeschüttet. Dieses Gefühl kann man beim Sport aber auch bei Computerspielen erleben, seltener bei der Arbeit oder in der Schule (vgl. Bergman/Hüther, Computersüchtig, 2006, S. 124). Dieser Botenstoff wirkt nun quasi als Verstärker, was zu weiteren Reaktionen führt, mit der Konsequenz, dass die Nervenzellen enger miteinander verknüpft werden, die Verbindungen dichter werden, aus den Landstraßen Bundesstraßen und schließlich Autobahnen werden.

Für uns Menschen sind diese Erlebnisse ausgesprochen erfreulich, erzeugen euphorische Gefühle und eine sehr positive Stimmung, die wir gerne wiederholen. Wer bei Computerspielen diese Gefühle nicht erlebt, wird nicht abhängig. Und: Hand aufs Herz: Auch wir Erwachsenen wünschen uns diese Gefühle und legen jene Verhaltensweisen an den Tag, die genau dazu führen. Für die einen ist es die Ablenkung auf dem Sportplatz, andere bevorzugen ein schickes Abendessen, wieder andere gehen ins Theater oder kaufen sich ein neues Kleid.

Das allgemeine Vorurteil, Computerspiele machen süchtig, hält einer differenzierten Betrachtung nicht stand, weitere Komponenten müssen hinzukommen.

Versuchen wir uns dieser Fragestellung durch einige allgemeine Aussagen zur Kindererziehung zu nähern.

Kinder haben Bedürfnisse, die stark sein können und von der Familie nicht erfüllt werden. Sie suchen sich „Ersatzbefriedigungen“ (z.B. Süßigkeiten, Fernsehen, Geschenke), um das eigentliche Bedürfnis kompensieren zu können. In keinem seriösen pädagogischen Ratgeber fehlt der Hinweis, dass Kinder Verantwortung brauchen. Ihr Verantwortungsbereich muss klar umrissen sein und sollte sich ihrem Lebensalter anpassen. In diesem Rahmen können sie eigene Entscheidungen treffen und Fehler machen, für die sie dann geradestehen müssen.

Kinder sind neugierig, wollen etwas erleben, suchen das „Abenteuer“. Die Schatzsuche im Wald, der Besuch im Zoo und Schwimmbad oder die Fahrradtour können solche „Abenteuer“ sein.

Kindern dürfen von ihren Eltern Anerkennung und Belohung erwarten. Wenn Kinder etwas in der Schule oder in der Familie gut gemacht haben, sollten Eltern sie selbstverständlich loben und ihnen damit die gebührende Wertschätzung entgegenbringen. Verlässliche klare Regeln und Ziele, welche die Eltern mit ihnen erarbeiten und an denen sie sich orientieren und messen können, dienen auch dazu, ihre Persönlichkeit zu entwickeln. Nur starke Kinder sind den Herausforderungen der Mediengesellschaft gewachsen, starke Persönlichkeiten, die entscheiden können, wo ihre Grenzen sind, wann es genug ist, und die den „Ausschaltknopf“ der Medien betätigen.

Starke Kinder können Probleme lösen, gehen den Problemen nicht aus dem Wege. Das durchaus verständliche Interesse der Eltern, es den Kindern im Leben „leicht“ zu machen, führt in die pädagogische Sackgasse. Wie sollen Kinder sich im „Leben bewähren“, wenn sie nicht Fehler machen dürfen, wenn sie nicht erfahren, dass sie selbst Aufgaben bewältigen und Probleme lösen können? Aus Fehlern lernen gehört nicht in die Mottenkiste einer „analogen Pädagogik“, sondern weit oben auf die Agenda der Medienerziehung.

Allem Anschein nach kommen Mädchen besser mit den neuen Gegebenheiten klar, zumindest sind sie weniger anfällig als Jungen für eine Computerspielsucht.

Schon bei der Geburt sind die Jungen gefährdeter als Mädchen, sind schneller krank und statistisch sterben mehr männliche Säuglinge an gesundheitlichen Problemen. Auch in ihrer weiteren Entwicklung bleiben Jungen im Vergleich zu den Mädchen psychomotorisch etwas zurück. Jungen suchen die Zuwendung, Sicherheit und Anerkennung in etwas größerem Maße als Mädchen. Sie finden das teilweise bei ihren Eltern, immer häufiger bei den „Medienstars“, z.B. bei Michael Ballack, Michael Schumacher oder den Computerhelden. Diese sind cool, gewinnen immer und stehen auch in brenzligen Situationen ihren Mann. Bietet da nicht die virtuelle Welt die Möglichkeit, den Superhelden zu spielen, der sie im wirklichen Leben nicht sind und vermutlich nie sein werden? Die erlebten Unsicherheiten und Enttäuschungen, die nicht nur Jungen im Laufe ihrer Entwicklung erleben, müssen be- und verarbeitet werden. Um den Kindern das Gefühl von Sicherheit und Vertrauen zu vermitteln und ihnen in ihrer Entwicklung zu helfen, sind der Kontakt zu ihnen und der Austausch mit ihnen wichtig.

Wie bei allen Krankheiten gibt es im Vorfeld Anzeichen für eine möglicherweise beginnende Sucht. Meistens sind es Signale, hinter denen psychische Probleme stecken. Die folgenden Fragen helfen bei der Beobachtung:

- Ist das Kind passiv und antriebsschwach?
- Geht das Kind offensiv mit Problemen um oder weicht es Konflikten aus, zieht es sich zurück?
- Nimmt das Kind Kontakt mit Schulkameraden, Eltern und Geschwistern auf?
- Ist das Verhalten des Kindes aggressiv?
- Ist das Kind ungeduldig und unkonzentriert?
- Lebt das Kind in einer eigenen „Traumwelt"?

7. Leben in der Mediengesellschaft

Unsere Gesellschaft wird immer schneller und wir Menschen passen uns dem an. Den Kaffee schlürfen wir mittlerweile unterwegs als „coffee to go“. In den Schnellrestaurants können wir zügig essen oder holen uns schnell was aus den Tiefkühltruhen der Supermärkte. Auch unsere Sehgewohnheiten haben sich verändert. Vergleicht man Krimis oder Actionfilme der 1960er-Jahre mit heutigen, so sind die Filmsequenzen (Schnitte) kürzer geworden. Für den Zuschauer wirkt der Film rasanter und actionhaltiger. Bei einem Teil der Zuschauer führt dies dazu, dass sie dem Film kaum oder gar nicht folgen können. Sie können das übrigens selbst testen, wenn Sie einen älteren James-Bond-Film mit dem aktuellen vergleichen.

Bei den Computerspielen ist das ähnlich. Wenn Menschen sich an diese Geschwindigkeit gewöhnt haben, übernehmen sie das Tempo. Das lässt sich an den Kindern beobachten, die gleichzeitig chatten, telefonieren und Musik hören. Die einen nennen es Multitasking, man kann es aber auch Freizeitstress nennen.

Die „Erlebnisgesellschaft“ (Gerhard Schulze) erzeugt täglich Unmengen von Reizen, die auf uns einwirken. Unser Problem ist, dass wir kaum Zeit haben, diese zu verarbeiten und zu genießen. Reiseanbieter machen sich das zunutze, wenn sie mit Angeboten werben, „mal Alltag und Stress“ hinter sich zu lassen. Weil unser Gehirn nicht alles schnell genug verarbeiten kann, haben wir nur die Möglichkeit, entweder von Information zu Information zu „springen“, mit der Konsequenz, den einzelnen Reizen weniger Aufmerksamkeit zu schenken oder bewusst aus den Informationen auszuwählen, unsere Aufmerksamkeit zu selektieren. Das „Zappen“ mit der Fernbedienung ist ein gutes Beispiel dafür: Man möchte nichts verpassen und „zappt“ sich durch die Fernsehprogramme.

In beiden Fällen werden wir die ganze Fülle nicht aufnehmen können, wir müssen uns entscheiden. Das aber wäre ein wichtiges Ziel der Medienerziehung, den Kindern Kriterien zu vermitteln, an denen sie sich orientieren können, die ihnen helfen auszuwählen, damit sie in der Medienvielfalt den Überblick behalten.

Gibt es die „heile“ Kinderwelt?

Ob ein Kind den Haupt- oder Realschulabschluss oder das Abitur erreicht, hängt nicht ausschließlich und unmittelbar von seiner Intelligenz ab, sondern von seiner sozialen Herkunft, so die Ergebnisse langjähriger Sozialisationsforschungen auf diesem Gebiet. Die soziale Lage der Familien prägt Kinder und Jugendliche maßgeblich und entscheidet darüber, wie sich ihre sprachlichen Fähigkeiten entwickeln, welche kognitiven Kompetenzen ausgebildet werden und wie sich ihr Sozialverhalten ausprägt.

Eine „heile“ Medienwelt gibt es nicht: Eltern können ihren Kindern – auch wenn sie es sich noch so sehr wünschen – das Bild von einen „heilen“ Welt nicht dauerhaft erhalten.

Ob der Tsunami, das Erdbeben in China, der Wirbelsturm in Birma, das Autounglück auf der Autobahn oder die unglaubliche Tat eines Vaters, der seine Tochter über

Jahre im eigenen Haus gefangen hielt und missbrauchte: Gewalt, Terror und Katastrophen sind nicht nur in den Medien allgegenwärtig. Die Aussagen „Unglück, Krieg und Gewalt sind gute Quotentreiber“ und „Personen sind immer eine Nachricht wert“ oder „Schlechte Nachrichten sind besser als keine“ zeugen nicht unbedingt vom Qualitätsjournalismus, geben jedoch Einblicke darin, wie Medien funktionieren, um Auflagen und Quoten zu halten. Wenn Medien drastisch, ungeschminkt und in brutalen Einzelheiten die Bilder aktuell und direkt in die Welt senden, so kommen diese Bilderwelten eben auch in die Wohn- und Kinderzimmer.

Kindern und Jugendlichen den Zugang zu Medien zu verwehren, ist pädagogischer Unsinn. Die Kinder würden schon ihre Mittel und Wege finden, um bei Freunden und Bekannten just jene Spiele zu spielen, Filme zu sehen und Internetseiten aufzurufen, die ihnen zu Hause verboten sind.

Wenn in der Tagesschau über den Krieg im Irak berichtet wird, mag dies jüngere Kinder weniger schrecken, weil sie weder die Inhalte noch die Bilderbotschaft verstehen. Ganz anders sieht das aus, wenn Bilder über verletzte, weinende und trauernde Kinder, Frauen oder Männer in einer Nahaufnahme gezeigt werden, dann verstehen Kinder sehr wohl die Botschaft.

Medienpädagogen weisen darauf hin, dass längst nicht alles aus den Medien, was Erwachsene schreckt, dies im gleichen Maße für Kinder und Jugendliche gilt.

Andererseits: Nicht selten überschätzen Eltern die Medienkompetenzen ihrer Kinder. „Da ist doch gar nichts passiert, das war doch gar nicht so schlimm …“ sind Aussagen, die das offen legen.

Angemessen mit den Kindern über ihre Medienerlebnisse zu sprechen, bedeutet, Anteil nehmen, Ängste und Sorgen teilen. „Ja, das ist wirklich tragisch und traurig …" Dazu gehört auch, die eigene Traurigkeit, Wut und Ohnmacht den Kindern mitzuteilen.

Die amerikanische Psychologin Donna Mumme von der Tufts University fand heraus, dass bereits Einjährige Gefühle im Fernsehen wahrnehmen und „emotionale Informationen" aufnehmen können. Sie entwickelte zwei Studien mit zehn bis zwölf Monate alten Babys.

Der Versuch war so konzipiert, dass die Kinder im Fernsehen eine Schauspielerin sahen, die bei verschiedenen Gegenständen unterschiedlich mit ihrer Stimme und ihrem Gesichtsausdruck reagierte (positiv, negativ oder neutral). Die Babys sahen zunächst das Video und erhielten danach die gleichen Gegenstände zum Spielen. Überraschend war nun, dass bei positiver Konnotation der Gegenstände durch die Schauspielerin die Babys glücklich mit den Sachen spielten. Gleichzeitig mieden die Babys jene Spielsachen, die von der Schauspielerin negativ bewertet wurden, und spielten mit anderen Gegenständen.

Anscheinend beeinflussen die emotionalen Reaktionen der Erwachsenen die Entscheidungen der Babys (und dies betrifft auch das Fernsehen) (vgl. http://science.orf.at/science/news/65405).

Wenn heute bereits 95 Prozent der Mädchen und Jungen zwischen 14 und 19 Jahren regelmäßig im Internet unterwegs sind und es später als „Cybersenioren" tun, geht das nicht spurlos an den Kindern vorbei, sondern führt zu sozialen und psychischen Folgen.

Ein positives Selbstbild von sich zu gewinnen, gehört zu den herausragenden Aufgaben auf dem Weg zum Erwachsenwerden. Dazu tragen Lob und Anerkennung von Eltern ebenso bei wie positive Erfahrungen in der Schule, beim Sport und in der Freizeit.

Die eigene Homepage, der Weblog, das Profil in den Communities sowie die eigenen Videos auf YouTube sind vielfach nichts anderes als eine „Selbstpräsentation“ und weisen in Text, Bild und Ton darauf hin, wer jemand ist. Nun mögen die Selbstdarstellungen im Internet von sehr unterschiedlicher inhaltlicher Qualität sein. Durch die gute Vernetzung und die Rückmeldungen von Gleichgesinnten stärken sie das Selbstbewusstsein der Jugendlichen und sind damit prägend für diese Phase ihrer Entwicklung.

Die Motivation rührt nicht nur daher, eine „Internetberühmtheit“ zu werden, ein Massenpublikum zu erreichen oder bei Google an erster Stelle gelistet zu sein, sondern speist sich daraus, authentisch zu sein, sich natürlich und individuell der Welt vorzustellen. Die Techniken im Web 2.0 ermöglichen diese neue Form der Kinder- und Jugendbeteiligung. Zwei Beispiele sollen dies dokumentieren: Im September 2008 startete die Bundesregierung zwei neue Internetangebote (www.regierenkapieren.de und www.kinder.diplo.de) mit dem Ziel, Kindern die Politik näherzubringen. Bürgerbeteiligung lautet das Schlagwort und wird für die politischen Parteien und gesellschaftlichen Institutionen immer wichtiger, um gegen „Politikverdrossenheit“ anzugehen.

Die Beispiele zeigen aber auch, es hat eine Verlagerung stattgefunden. Weil heute Kinder in Medienwelten aufwachsen, entwickeln die großen Einrichtungen und Institutionen direkt auf die Zielgruppe zugeschnittene mediale Angebote. Da bleibt es nicht aus, dass Kindheit heute immer mehr Medienkindheit wird. Für manche deutet diese auf das Ende der bürgerlichen Kindheit hin, andere sehen darin neue Freiheitsgrade und größere Gestaltungsspielräume für die Kinder.

Ohne Lesekompetenz können Kinder und Jugendliche die digitalen Medien weder entschlüsseln noch entdecken. Der Boom um Harry Potter und seine Abenteuer hat dazu beigetragen, dass Lesen einen leichten Zulauf in den vergangenen Jahren erfahren hat. Immerhin lesen 49 Prozent der Sechs- bis 13-Jährigen mindestens einmal pro Woche in einem Buch, 14 Prozent greifen noch fast täglich zum Buch (vgl. KIM-Studie, 2006, S. 27).

Um die Motivation ist es also gar nicht so schlecht bestellt und nicht ganz die Hälfte der Kinder liest gerne bis sehr gerne Bücher, wobei Mädchen deutlich häufiger lesen als Jungen. Übersehen sollte man dabei nicht, dass sich der Anteil der Nichtleser in den letzten zwei Jahren auf 14 Prozent verdoppelt hat (vgl. KIM-Studie 2006, S. 27).

Für die Entwicklung der Sprachkompetenz sind Bücher besonders wichtig, denn ohne „Lesekompetenz“ gibt es keine Teilhabe an der Gesellschaft. Lesen beginnt bereits sehr früh mit dem Heranführen an Bilderbücher. Es zeigt sich, dass das Lesen von Bilderbüchern vom Status der Eltern abhängig ist.

Beim Vorlesen des Bilderbuches erleben Kinder eine intensive Zuwendung der Eltern zu ihnen und der Wechsel von vorlesen und betrachten führt zu Erklärungen und Deutungen. Besser können Kinder an das spätere Lesen eigentlich nicht herangeführt werden. Ganz abgesehen davon, kann die Geschwindigkeit des Lesens und Betrachtens individuell auf das Kind abgestimmt werden. Eltern, die ihren Kindern Bilderbücher vorlesen, kennen das sicher: Die Kinder verweilen bei einigen Bildern länger als bei anderen, fragen interessiert nach oder kommentieren die Bilder. Bilderbücher sind reine „Kommunikationswunder“, bieten nicht nur je nach Alter der Kinder ganz unterschiedliche Interpretationen und Herangehensweisen an, sondern durch die Bilder ästhetische Zugänge.

Sie eröffnen viele Anknüpfungspunkte: Kinder können eigene „Geschichten erzählen“ oder werden kreativ, indem sie die Geschichte malen oder etwas dazu basteln.

Leider gibt es in Deutschland, einem der höchst entwickelten Länder der Erde, zu viele Kinder und Jugendliche, die des Lesens und Schreibens unkundig sind, die Analphabetenquote ist in Deutschland erschreckend hoch. Schätzungen vom Bundesverband Alphabetisierung gehen von vier Millionen Menschen aus, die etwa so gut schreiben und lesen können wie Grundschulkinder in der dritten Klasse, das sind etwa 6 Prozent der Gesamtbevölkerung über 15 Jahre.

Das Ziel der Stiftung Lesen (www.stiftunglesen.de) ist es, die Lesekompetenz zu vermitteln und zu fördern, Schirmherr der Stiftung ist der Bundespräsident.

Den Vorrang des Buches vor den elektronischen Medien sehen viele, weil das Buch an erster Stelle in der Kulturgeschichte des Menschen steht, es die Fantasie anregt und ein „aktives Medium“ darstellt (vgl. Neider, Medienbalance, 2008, S. 27).

Als geistige Tätigkeit wird Lesen von vielen Eltern höher bewertet als Musik hören. Nehmen wir folgendes Beispiel: Beim Hören von Musik bleibt das Kind oder der Jugendliche mehr oder weniger passiv. Die Fixierung auf das Hören der Musik ist so stark, dass die Umgebung nicht mehr wahrgenommen wird. Es gibt Kinder und Jugendliche, die laut Musik hören, was nicht nur schädlich für die eigenen Ohren sein kann, sondern unter Umständen die Umgebung stört. Es gibt genügend solcher Beispiele in der U- oder

S-Bahn, in Bussen, auf öffentlichen Plätzen oder im Zug. Dennoch ist Musik ein wichtiger Bestandteil der Entwicklung und Radio, mehr als das Fernsehen ein „Nebenbei-Medium“, wird bei Hausaufgaben oder anderen häuslichen Tätigkeiten gehört. Was geschieht, wenn wir lesen und uns in ein Buch vertiefen?

Kinder können ganz in eine Geschichte oder Erzählung „versinken“, Buchstaben und Wörter erhalten einen visuellen Ausdruck, das Gewitter wird spürbar erlebt, die Hexe hat eine riesige Nase, die Prinzessin sieht wunderschön aus, trägt prächtige Kleider mit goldenen Spitzen.

Im Prozess des Lesens erzeugen wir laufend neue Bilder, fliegen sozusagen mit Harry Potter auf dem Besen über Hogwards hinweg.

Anders verhält es sich mit den Bildern, die uns Fernsehen und Computer liefern. Schauen wir uns die Harry-Potter-Filme im Kino an, erhalten wir konstruierte Bildmotive. Wir sehen, wie Harry Potter aussieht, welche Kleidung er trägt, wie sein Bett unterhalb der Treppe im Haus der Dursleys aussieht. Die Fantasie braucht hier nicht bemüht zu werden, die Bilder und Töne werden mitgeliefert, was nicht bedeutet, der Kinogang und der DVD-Abend könnten nicht zum besonderen Ereignis werden.

Nehmen wir ein weiteres Beispiel: Millionenfach wurden Bibi Blocksberg- und Benjamin Blümchen-Kassetten in den vergangenen zwanzig Jahren verkauft. Kaum eine Familie in Deutschland, in dem diese Hörkassetten nicht zu finden sind. Auf der langen Autofahrt in den Urlaub, im Kinderzimmer, beim Spielen oder vor dem Einschlafen, Kassetten und neuerdings CD-ROMs laufen durch. Neu ist vielleicht, dass selbst das Umdrehen der Kassette entfällt, da über die REPEAT-Funktion die CD-ROM stundenlang weiterläuft. Mit den Hörbüchern ist ein weiterer Trend in Mode gekommen. Die Kinder sind gut „beschäftigt“, hören interessante Geschichten, bei jüngeren Kindern stärker noch mit einem „pädagogischen“ Hintergrund.

Der Unterschied zwischen den Medien besteht darin, dass Kinder beim Vorlesen eigene Bilder assoziieren können, sie können Fragen stellen und die Atmosphäre zum Vorlesenden ist eine andere als bei einem technischen Abspielgerät. Kinder können die Geschichten kommentieren, Gefühle aussprechen, sich an den Erwachsenen anschmiegen und „kuscheln“.

Vorlesen und Lesen bieten mehr Möglichkeiten in der Interaktion zwischen Kind und Elternteil, bieten eine intensive Kommunikation. Lesen bietet daher mehr Möglichkeiten, als es Fernsehen, Computer und Hörkassette sowie Hörbuch je können, und ist deshalb so wichtig für die Entwicklung des Kindes. Das Buch als Medium stärkt die Individualität des Kindes und führt jüngere Kinder – wie kein anderes Medium – in die Medienwelt hinein. Wenn Kinder zu lange vor dem Fernseher sitzen, fördert das nicht ihre sprachlichen Kompetenzen. Ganz im Gegenteil: Bleibt es bei diesem Verhalten, entwickeln sie sich auf Dauer sogar zurück. Wenn es eine familiäre Kultur des Vorlesens gibt, fördert dies nicht nur die Lesekompetenz, sondern ebenso die Sprachkompetenz des Kindes. Wörter, Begriffe und Satzteile werden nachgesprochen, bei Bilderbüchern zeigen jüngere Kinder auf das Bild und fragen nach, sehen Personen, Tiere oder Gegenstände, die Eltern erklären oder umschreiben.

Kinder lernen Lesen durch ihre Eltern, die ihnen darin Vorbild sein sollten. Wenn sie ihren Kindern Bilderbuchgeschichten vorlesen, später Märchen und die Klassiker von Pippi Langstrumpf oder Michel aus Lönneberga, die ganze Kindergenerationen kennen, dann werden Kinder nicht nur selbst zum Lesen motiviert, sondern entdecken die wunderbare Welt der Bücher.

Schließlich hören Kinder in den Büchern jenseits der Alltagssprache eine „andere Sprache“, der Wortschatz ist umfangreicher. Sie können präziser Situationen beschreiben und ihr Satzbau ist vielfältiger; sie sprechen und hören eine „literarische Sprache“ jenseits der kurzen Hauptsätze in der Alltagskommunikation und fördern damit ihr Sprachgefühl.

Das „Wissen der Welt“

Zweifelsohne wird durch das Internet nicht nur die wirtschaftliche Entwicklung vorangetrieben, auch die Kommunikation zwischen fremden Kulturen und Nationen wird durch das Internet gefördert. Geografische oder politische Grenzen spielen im Internetzeitalter keine Rolle mehr, die Kommunikation ist unabhängig von Raum und Zeit, das gilt übrigens auch für die Datenablage und den Datenzugriff. Informationen, die im Netz abgelegt werden, sind von überall abrufbar.

Daten müssen nicht mehr auf den lokalen Festplatten der eigenen Computer abgespeichert werden, sondern können auf Webservern, die rund um die Uhr zur Verfügung stehen, abgelegt werden. Die Vorteile sind offensichtlich, der Datenzugriff ist flexibel und die Datensicherung überflüssig.

Zunehmend wichtiger wird das Internet als globale Bildungsplattform. Informationen aus dem Internet abrufen und zu Wissen verarbeiten, eben Lernen online ist die Zukunft.

Dies ist keine Utopie mehr, sondern ein globales Bildungsziel, wie die finanziellen Aufwendungen zeigen, die in Lernplattformen und didaktisches Material investiert werden.

Ein gutes Beispiel, wie Informationen aufbereitet und für das Lernen genutzt werden können, ist die Onlineenzyklopädie „Wikipedia“. Warum mühsam den Brockhaus oder ein anderes Lexikon aufschlagen, einfacher ist es doch auf der Internetseite von Wikipedia das gesuchte Stichwort einzugeben, den Artikel zu lesen und den weiterführenden Links zu folgen.

Wikipedia ist eine große, frei zugängliche Onlinedatenbank, in der grundsätzlich jeder etwas eintragen kann. Fachleute jeglicher Richtung schreiben zu den Themen, überarbeiten, korrigieren und aktualisieren diese. Damit entsteht nicht nur eine riesige Schlagwortsammlung, sondern letztlich ein Qualitätsprodukt. Wo viele mitmachen, muss es doch sehr gut werden, oder?

Mittlerweile hat Wikipedia das Interesse von Unternehmen, Einrichtungen und gesellschaftlichen Gruppen aller Art geweckt, die für bestimmte Begriffe stehen und ein Eigeninteresse haben, wie Themen inhaltlich dargestellt werden sollen. Nicht nur Pressestellen von Unternehmen haben zu ihrem Nutzen Daten von Personen, Unternehmen sowie Zahlen in Wikipedia verändert.

Man wird nicht bestreiten können, dass es viele Artikel bei Wikipedia gibt, die dem aktuellen Stand der Forschung entsprechen, und die Onlineenzyklopädie einen Beitrag zur „kollektiven Intelligenz“ leistet. Die globale Vernetzung führt zu neuen Netzwerken (z.B. www.wer-weiss-was.de), in denen Experten ihr Wissen zur Verfügung stellen und an denen viele teilhaben können.

Der Vorwurf von Verlagen, Wissenschaftlern und Autoren, die Artikel würden nicht den Standards eines Lexikons standhalten, lässt sich so nicht aufrechterhalten (vgl. http://www.welt.de/webwelt/article1431467/Wikipedia_siegt_gegen_Online_Brockhaus.html). Die Artikel in Wikipedia werden laufend einer Qualitätsprüfung unterzogen, was erstaunlich schnell vonstattengeht. Trotzdem sollte man sich nie nur auf die Onlineenzyklopädie verlassen, sondern weitere Quellen für die Recherche heranziehen. Dazu gehört immer auch, die Quellen kritisch zu prüfen. Kriterien, die dabei helfen, sind: Wer ist der Autor der Information? Woher hat der Autor seine Information? Gibt es Quellenangaben? Gibt es Hinweise auf andere Internetseiten? Wird von anderen Internetseiten auf die Quelle verwiesen? Diese Informationen zu bewerten, einzuordnen und sie mit anderen Quellen zu prüfen, braucht Zeit und Übung.

Damit aus Information Wissen wird, reicht „googlen" nämlich nicht aus. Und auch das Herauskopieren von Texten und Bildern aus dem Internet nach Word für eine Hausaufgabe ist noch kein Lernen, sondern billiges „Abschreiben".

Hartmut von Hentig hält dem Informationswahn im Internet entgegen, dass es in der Menschheit immer nur so viel Wissen gibt, wie in ihrem Bewusstsein aktiviert werden kann, ganz gleich, ob auf den Computern mehr gespeichert ist (vgl. von Hentig, Der technischen Zivilisation gewachsen bleiben, 2002, S. 178). Damit weist er auf etwas Entscheidendes hin: Lernen ist ein individueller Prozess und unsere Aufgabe ist es, Kinder und Jugendliche in der Wissensaneignung zu unterstützen, ihnen die Kriterien zu vermitteln, wie aus Informationen Wissen wird, und das Wissen zu strukturieren. Das können Computer den Kindern nicht beibringen, wohl aber die Eltern.

Schlau durch Computer und Internet?

Die schlagkräftigen Argumente bei der Einführung von Computern in den Schulen lauteten: Computer und Internet verbessern die Lernchancen, fördern die Lesefähigkeit von Kindern und bieten vielfältige Möglichkeiten der effektiven Wissensaneignung. Softwarefirmen und Technikbürokraten waren es, die in immer neuen Argumentationsketten nicht müde wurden zu betonen, welche Potenziale die neuen Medien bieten und wie selbst lernschwächere Schüler durch geeignete Lernsoftware in den Hauptfächern wieder den Anschluss finden können.

In Nordrhein-Westfalen startete Jürgen Rüttgers in den 1990er-Jahren die Initiative „Schulen ans Netz". Die Schulen wurden mit Computern ausgestattet, die neue Schule war geboren, so klang es in den Medien. Im Nachhinein stellte sich jedoch heraus, dass bei lauter Technikbegeisterung nicht dafür gesorgt wurde, dass die Lehrer über die notwendigen Kompetenzen verfügten, zudem fehlten die pädagogischen Konzepte für den Einsatz des Computers in der Schule. Die Pisa-Studie brachte es dann an den Tag: Die Computerausstattung hat kaum Einfluss auf die Lesefähigkeit der Schüler.

Die neuen Schlagwörter waren Onlinelernen oder E-Learning für computerbasiertes Lernen. Lernen sollte einfacher, schneller, effektiver und nachhaltiger durch das Internet werden. Die Informationen wurden auf den Lernumgebungen zur Verfügung gestellt, das Suchen sollte vereinfacht werden, die Lehrer sollten mit den Schülern online kommunizieren. Zwar können die Werkzeuge des Web 2.0 (Diskussionsforen, E-Mail, Wikis, Weblogs und Chat) zur Informationsvermittlung und zum Lernen eingesetzt werden, sind aber weder kostengünstiger noch effektiver als klassische Lernformen. Medien sind Hilfsmittel im Lernprozess, das gilt auch für das Internet. Eine technische Lernumgebung im Internet bietet für sich genommen noch keinen Lernzuwachs, den gibt es erst, wenn Pädagogen Themen didaktisch aufbereiten und die Begleitung von Schülern durch ausgebildetes Personal gewährleistet ist.

Die damit einhergehenden neuen Spielarten der Kommunikation bieten dann durchaus Vorteile, wenn Feedbackinstrumente eingesetzt werden. Internetbasiertes Lernen meint denn auch:

- Schüler sollen für das Lernen motiviert werden
- sie sollen Feedback geben können und erhalten
- das eigenverantwortliche (selbst gesteuerte) Lernen soll gefördert werden
- die Kooperationsfähigkeit der Schüler soll unterstützt werden
- die Lerninhalte sollen vorstrukturiert sein und die Erfahrungen der Schüler miteinbeziehen
- die Kommunikation untereinander und zu den Lehrern soll, wo möglich, unterstützt und ausgebaut werden.

Die genannten Ziele zeigen, dass zwar im Onlinelernen durchaus Potenziale liegen können. Erste Schritte sind bereits getan, so werden an vielen Schulen die E-Mail-Adressen der Schüler aufgenommen, um einen zeitnahen Kontakt zwischen Schülern und Lehrern herzustellen. Online-Projekte an Schulen mit dem Ziel, Hausaufgaben und Arbeitsmaterialien zentral auf einem Server abzulegen, auf den die Schüler mittels eines Passwortes zugreifen können, gibt es bereits. In den Diskussionsforen können die Schüler Fragen zu den Hausaufgaben stellen, die von den Lehrern beantwortet werden. Inzwischen gibt es Arbeiten von Schülern, die von Lehrern online bewertet werden. In einer Reihe von Projekten (z.B. www.medialeproduktion.de) wird mit Wikis und Blogs experimentiert.

Für das Selbstverständnis der Schulen ändert sich einiges: Lehrer werden lernen müssen, dass ihr Informationsvorsprung vor den Schülern im digitalen Zeitalter nicht nur schwindet, sondern bereits (teilweise) verloren gegangen ist. Lehrer müssen ihre Rolle neu definieren. Sie sind nicht mehr die „Alleswisser", sondern „Lernbegleiter" und „Moderatoren". Sie benötigen Kompetenzen, um sich in den Lernumgebungen kompetent bewegen zu können, müssen nachmittags, vielleicht auch mal abends, online erreichbar sein.

Die Mediengesellschaft stellt die Schulen vor gewaltige Herausforderungen. Sie soll die Schüler für die Arbeitswelt vorbereiten, soll sie „fördern und fordern", Sprach- und Medienkompetenz vermitteln. Die Schüler sollen für ein Berufsleben befähigt werden, in dem digitale Daten eine Schlüsselrolle spielen und Medienkompetenz neben der Sprachenkompetenz als „Schlüsselqualifikation" erforderlich ist. Diesen hohen Anspruch umzusetzen, ist in der Praxis gar nicht so einfach. Das Kompetenzmodell von Dieter Baacke gibt einen Hinweis auf die Themen, die im Hinblick auf Medienkompetenz zu behandeln sind (vgl. http://www.uni-bielefeld.de/paedagogik/agn/ag9/Texte/MKompetenz1.htm).

Er unterteilt den Begriff in vier Dimensionen: Medienkritik, Medienkunde, Mediennutzung und Mediengestaltung. Aufgabe der *Medienkritik* ist es, die gesellschaftlichen Prozesse zu analysieren. Der Mensch sollte das „Wissen" auf sich anwenden können und sich dabei sozial verhalten. Die *Medienkunde* meint, die Mediensysteme zu kennen, etwas über die Medien zu wissen, wozu auch die Fähigkeit gehört, Medien technisch bedienen zu können. Die dritte Dimension, die *Mediennutzung*, weist darauf hin, Medien als Rezipienten (Nutzer) anwenden zu können; dazu zählen insbesondere auch interaktive Angebote. Unter *Mediengestaltung* als vierte Dimension versteht Dieter Baacke die Fähigkeit, Medien innovativ, gestalterisch und ästhetisch einzusetzen. Folgen wir den Aussagen von Dieter Baacke, stellt sich die Frage, welche Auswirkungen dieser Ansatz für den Schulunterricht einer achten Klasse bedeutet.

In der ersten Dimension, der Medienkritik, könnte für den 15-jährigen Schüler wichtig sein zu wissen, warum Werbung, die sich an Jungen richtet, mit lauter Musik beginnt, während die Werbung für Mädchen deutlich leiser ist. Warum wird bei den Jungen meistens blau als Farbe in Werbesendungen verwendet, bei Mädchen dagegen rot oder rosa? Könnte es nicht sein, dass die Werbung geschlechtsspezifische Merkmale manifestiert?

Als zweite Kernkompetenz in Bezug auf die Medienkunde würde der Jugendliche lernen, wie das Verhältnis zwischen öffentlich-rechtlichen und privaten Sendern aussieht. Er wüsste, was ein Rundfunkstaatsvertrag ist und hätte eine Ahnung davon, wie die öffentlich-rechtlichen Fernsehanstalten finanziert werden bzw. welchen kulturellen Auftrag sie haben.

Bei der dritten Dimension, der Mediennutzung, könnte sich der Jugendliche durch Medieninhalte unterhalten lassen, sie als Rezipient genießen oder eigene Inhalte erstellen, wenn er einen Videofilm dreht, und in der vierten Dimension, der Mediengestaltung, setzt er eigene technische Ideen um, entwickelt Konzepte in den Weblogs oder beteiligt sich an der Weiterentwicklung von freier Software im Internet.

Die Vermittlung der Medienkompetenz im Sinne Dieter Baackes stellt eine große pädagogische Herausforderung dar, weil sie weit über die technische Vermittlung von Computerkenntnissen hinausgeht.

Wenn Hartmut von Hentig Recht hat, dass unsere technische Gesellschaft zu einem „Verlust an Übersicht und an Entscheidungsfähigkeit“ (vgl. von Hentig, Der technischen Zivilisation gewachsen bleiben, 2002, S. 83) führt, dann wird offensichtlich, vor welchen Herausforderungen nicht nur Eltern stehen, dann ist die Vermittlung von Medienkompetenz eine gesamtgesellschaftliche Aufgabe, zu der die Schule einen Beitrag leisten kann.

Die Schule als „Lehranstalt“, die Kinder belehrt und erzieht, ist Vergangenheit.

Zukunftsweisend ist wohl auch nicht, wenn die Schule zur „Karriereanstalt“ mit „Kopfnoten“ wird.

Was bleibt dann von den pädagogischen Prinzipien übrig, wie sie von Hentig formulierte? Wie steht es mit dem „mündigen Bürger“, einer ganzheitlichen Bildung, in der Musik, Kunst und Kultur nicht „nebensächlich“ sind und Verantwortung keine Phrase ist.

Hartmut von Hentig: *„Wir werden in unserer Gesellschaft zunehmend das eine wollen (unser Leben leben) und das andere müssen (das komplexe System am Laufen halten). Und dies wird beides nur möglich sein, indem wir auf beiden Gebieten, in beiden Richtungen viel lernen. Wenn es keine sichere Korrelation zwischen Schulabschlüssen und Lebenschancen mehr gibt, muss man die Lernerfahrungen – den Inhalt und die Form – ändern. Man muss wohl auch überlegen, ob Abschlüsse nicht nur der falsche Begriff, sondern auch die falsche Sache sind, wenn es darum geht, für ein Leben in einer sich schnell verändernden Welt zu lernen“ (von Hentig, 2002, S. 75).*

Die Schulen technisch ins Internet zu bringen, ist relativ einfach, die Schüler zu einem verantwortungsvollen Umgang mit Medien zu befähigen, pädagogisch höchst anspruchsvoll. Wenn die Schule zum „Erfüllungsgehilfen“ des Arbeitsmarktes werden soll, dann hat es die Pädagogik in der Schule nicht leicht. Und die Pädagogen selbst werden sich fragen müssen, ob sie sich nicht intensiver damit auseinandersetzen sollten, wie sich die Mediengesellschaft weiterentwickelt und wie medienpädagogische Projekte in der Schule eingeführt werden könnten. Sicher wird man dazu die Ausbildung der Lehrer verbessern und fächerübergreifendes Lernen ermöglichen.

Damit das möglich wird, muss die Medienpädagogik als eigene wissenschaftliche Disziplin anerkannt werden und darf nicht weiter als ein „Anhängsel“ der Erziehungswissenschaft betrachtet werden.

Damit Eltern den Anschluss an die Mediengesellschaft nicht verlieren

Täuscht der Eindruck, dass Jugendliche im Umgang mit den neuen Medien häufig kompetenter sind als ihre Eltern? Oder haben die Eltern nur ein ambivalentes Verhältnis zu den Medien? Lautet die unausgesprochene Botschaft an die Eltern etwa: Sie gehören auf die „Schulbank“? Wenn das wirklich so ist, wer sollte den Eltern die entsprechenden Kompetenzen vermitteln?

Einwenden ließe sich, Eltern müssen in den technischen Fragen zum Internet nicht bewanderter sein als die eigenen Kinder. Für den erzieherischen Prozess mag es recht unerheblich sein, ob Eltern eine Internetseite einrichten, den Blog administrieren oder Computerspiele installieren können. Im Internet gibt es übrigens einen Onlinetest, mit dem man überprüfen kann, wie fit man ist (www.it-fitness.de).

Die technischen Dinge können sie getrost ihren Kindern überlassen, es sei denn, dies widerspräche ihrem eigenen Selbstverständnis. Doch damit wissen wir noch nicht, was der (medien-)erzieherische Auftrag der Eltern ist.

In einer ersten Annäherung kann man wohl sagen: Kinder sollten zur Eigenverantwortung und Selbstständigkeit erzogen werden. Sie sollten Verantwortung für ihr Handeln übernehmen und das eigene Verhalten reflektieren können. Als soziale Wesen sollten sie sich einerseits für den Fortbestand unserer Gesellschaft einsetzen und sich an den Normen und Werten der Gesellschaft orientieren, sie andererseits aber auch kritisch hinterfragen können.

Die Erziehung von Kindern lässt sich nicht von sozialen, ethischen, kulturellen und ökonomischen Fragen abkoppeln, sondern wird sich ganz im Gegenteil davon inspirieren lassen müssen. Überhaupt wird man bei der Medienerziehung, wie allgemein in der Erziehung, nicht umhinkommen, normative Antworten aus der Erwachsenenperspektive zu geben. Da müssen die schädigenden Wirkungen auf Kinder genauso thematisiert werden wie die Dauer des Medienkonsums oder die Altersfreigaben im Kino. Denn Kinder haben einen Anspruch auf Medienerziehung.

Wenn jüngere Kinder nicht einschlafen, weil sie an die böse Hexe denken oder ihnen die schrecklichen Bilder der hungernden Kinder aus der Tagesschau nicht aus dem Kopf gehen, sind Eltern gefordert, sie zu trösten und zu beruhigen. Wenn Eltern ihren Kindern im Grundschulalter sagen, jetzt wird der Fernseher ausgeschaltet und das Computerspiel beendet, ist das ein Beitrag zur Medienerziehung.

Viele aus der jetzigen Elterngeneration sind nicht mit den digitalen Medien aufgewachsen, wohl sind ihnen bestens Krimis (z.B. „Derrick"), Unterhaltungssendungen (z.B. „Wetten, dass") oder Vorabendserien (z.B. „Daktari“ oder „Lindenstraße“) bekannt, mit denen sie groß geworden sind. Die Nähe zum Fernsehen ist daher eine andere als zum Computer.

Mit der Einführung des Personal Computers Anfang der 1980er-Jahre beginnt ein Paradigmenwechsel von der analogen zur digitalen Technik. Welche Auswirkungen das für die Gesellschaft und das Miteinander der Menschen hat, lässt sich zum jetzigen Zeitpunkt nicht genau einschätzen. Erkennbar ist wohl, dass die digitalen Techniken unterschiedlich intensiv von den Generationen genutzt werden.

Die Lage vieler Familien und Eltern ist denn auch schwierig, die Not, steigenden Ansprüchen gerecht zu werden, groß und die zeitlichen sowie persönlichen Ressourcen begrenzt. Jammern führt genauso wenig weiter wie kritikloses Hinnehmen technischer Innovationen. Auch Eltern benötigen Kompetenzen und Strategien, um den gestiegenen Anforderungen der Mediengesellschaft gerecht werden zu können.

Wenn wir Erwachsene „lebenslanges Lernen“ ernst nehmen, dürfen wir es nicht nur auf den beruflichen Bereich anwenden, sondern stehen ebenso in der Verantwortung, die eigenen Kompetenzen zu erweitern und zu vertiefen. Lernen ist keine Domäne der Jugend, sondern eine Aufgabe für alle Altersgruppen. Die Förderung der Medienkompetenz ist daher nicht nur eine Aufgabe für die Kinder, sondern zugleich Ansporn für die Eltern, sich darin weiterzubilden. Die Aussagen von Dieter Baacke zur Medienkompetenz gelten daher ebenfalls für Eltern. In Rückbesinnung auf dessen Aussagen zur Medienkompetenz greife ich einige Themen heraus, um zu zeigen, in welche Richtungen Eltern ihre Kompetenzen erweitern sollten:

Die Internetkompetenz weiterentwickeln: Eltern sollten sich im Internet zurechtfinden, sollten wissen, wie das Internet aufgebaut ist. Um einschätzen zu können, wie die virtuellen Welten das Miteinander verändern, müssen sie Aufbau und Entwicklungen des Internets in Ansätzen kennen.

Das „Mit-mach-Web“: Wer selbst in einem Chat oder Forum geschrieben, eigene Fotos und Videos hochgeladen hat oder sich Weblogs und Wikis angeschaut hat, erhält einen Eindruck von den Möglichkeiten des Web 2.0. Mitmachen meint auch, das Internet gemeinsam mit den Kindern entdecken und ausprobieren. Wenn Kinder technisch kompetenter sind im Umgang mit dem Internet, können sie als „Experten“ angefragt werden.

Z. B. bietet das Internet zahlreiche Weiterbildungsangebote und Online-Selbsthilfeforen für kranke Menschen, die sich informieren, austauschen und vernetzen. Die Angebote werden nicht nur zur Information zu Krankheit, Prävention und Beratung genutzt, sondern dienen zum Austausch über Krankheitsverläufe und Heilungschancen und können so zu einer höheren Lebenszufriedenheit führen, auch wenn sich damit der allgemeine Gesundheitszustand nicht direkt verbessert. Für nichtmobile Menschen sind diese Kommunikationsformen oft der wichtigste Kontakt zur Außenwelt.

Elterliche Verantwortung wahrnehmen: Es gibt Eltern, die nichts dagegen haben, wenn ihre Kinder stundenlang allein im Internet surfen. Sie meinen, wenn ihre Kinder im Haus sind, wären sie unter Kontrolle. Die Gefahren im Internet dürfen nicht verharmlost werden, es gibt Betrüger, Hacker, Spammer und Schmutzfinken. Kinder müssen aufgeklärt und informiert werden. Das geht aber nur, wenn Eltern wissen, was ihre Kinder im Internet tun, und ggf. auch „Nein“ sagen.

Kommunikation auf „Augenhöhe“: Kinder wollen ernst genommen werden. Ihnen etwas verbieten, ohne es zu erklären und zu begründen, wird sie kaum überzeugen. Sie suchen sich dann Nischen. Elterliche Autorität begründet sich nicht im Aussprechen von Verboten. Das gilt auch für den Umgang mit Internet und Co. Kinder für ein bestimmtes Verhalten zu sensibilisieren, meint, sich mit ihren Anfragen auseinandersetzen. Dazu gehört ebenfalls, das Alter der Kinder im Blick zu haben. Mit jüngeren Kindern werden Eltern anders kommunizieren als mit älteren.

Die Ausbildung einer medienerzieherischen Kompetenz der Eltern erscheint mir denn auch dringlicher denn je. Eine Schlüsselfunktion übernimmt in diesem Kontext die Medienbildung: Die Kinder- und Jugendhilfe ist gefordert, medienpädagogische Unterstützung zu geben. Weiterbildungseinrichtungen, Kirchen und Kommunen bieten häufig weitere Angebote zur Weiterqualifizierung für Eltern an. Medienpädagogische Angebote für Eltern in den Institutionen Kindergarten und Schule gehören ebenfalls genannt.

Nun gibt es nicht „die Eltern" als Ganzes. Eltern sind eine in sich sehr heterogene Gruppe mit unterschiedlichsten Erziehungsstilen, Wertvorstellungen und weit auseinanderliegendem Mediennutzungsverhalten. Nur ein Teil der Elternschaft (z.B. bürgerliche Mitte, Postmaterielle) sieht die Notwendigkeit der eigenen Fortbildung, sei es durch die Teilnahme an medienpädagogischen Angeboten von Kindergärten, Schulen und Bildungseinrichtungen oder der Lektüre von Ratgebern zur Medienerziehung. Eine Ungleichzeitigkeit in der Medienerziehung wird es vermutlich auch künftig geben. Das sollte Ansporn für alle sein, die medienpädagogisch tätig sind, differenzierte Angebote für die Milieus zu entwickeln.

Medienerziehung ist notwendiger denn je

„Medienerlebnisse sind sekundäre Erfahrungen" ist eine häufig anzutreffende Aussage. Im selben Atemzug wird gesagt, primäre Erfahrungen (draußen spielen, sich mit Freunden treffen, Sport treiben ...) sind besonders wichtig für die Entwicklung der Kinder. In dieser Gegenüberstellung entsteht der Eindruck, Medienkonsum sei grundsätzlich passiv und führe zu den bereits genannten Problemen. Diese Argumentationskette setzt voraus, es gibt eine Unterscheidung zwischen der Alltagswelt und der Medienrealität.

Die Medienkritiker (Neil Postman oder Hartmut von Hentig) weisen darauf hin, dass diese „mediale Welt" die wirkliche, unmittelbar erfahrbare Welt zunehmend verdrängt. An diesem Punkt werden Medienpädagogen zu Kritikern der Medienkritiker, denn die genannte „ursprüngliche Realität" ist ebenfalls durch den Zeitgeist und die technischen Entwicklungen geprägt.

Wenn innerhalb weniger Jahre eine „medientechnische Revolution" nach der anderen verkündet wird, wie können wir die sozialen, psychischen und pädagogischen Auswirkungen abschätzen? Die wahren Dimensionen dieses Wandels werden in den Umsatzahlen der Industriezweige deutlich: So ist der Jahresumsatz der elektronischen Industrie seit Jahren höher als in der Automobilindustrie.

Ist es sinnvoll, eine neue Technik einzuführen, bevor die pädagogischen Gründe für seine Einführung diskutiert bzw. Ziele formuliert und die Einwände bedacht sind? Sollte man Hartmut von Hentig Recht geben, dass dies in der Tat eine „falsche Geschäftigkeit" (vgl. von Hentig, 2002, S. 108) sei?

Von Hentigs Kritik geht ja noch weiter: Nach seiner Einschätzung verliert sich der Mensch an die „ihn umstellende Technik“ (vgl. von Hentig, 2002, S. 34) und damit zusehends Verantwortung und seine Würde. Vor allem bemängelt er, dass die Medien einseitig positiv bewertet werden und dabei vergessen wird, wie sich Politik wandelt und welche Einflüsse und Wirkungen die Bilderfluten auf die Massen haben.

Die Bezeichnung „Wissensgesellschaft“, „Informationsgesellschaft“, „Mediengesellschaft“, „Medienzeitalter“ suggerieren nach seiner Vorstellung, dass die elektronischen Medien für die gegenwärtige Epoche zu einer „Lebensbedingung“ geworden sind.

Haben wir uns bereits so an die neuen Medien gewöhnt, dass wir die Gefahren und Gefährdungen nicht (mehr) wahrnehmen? Was wäre zu tun?

Aufgabe der Erziehung sollte es doch sein, die Kinder zu Verantwortung und Selbstständigkeit zu erziehen, und Aufgabe der Pädagogik wäre es, den Eltern das theoretische wie praktische Handwerkszeug zu vermitteln. Ferner gehört es zu ihrem genuinen Auftrag, die demokratische Entwicklung in der Gesellschaft voranzutreiben, indem sie politisch den gerechten Zugang für alle Bevölkerungsgruppen zu Fort- und Weiterbildung anmahnt und sich insbesondere für die Benachteiligten einsetzt.

Aufgabe der Pädagogik ist es weiter, Perspektiven für das gemeinsame Miteinander (problem- und situationsübergreifend) zu entwickeln. So kann es sinnvoll sein, Jugendlichen Möglichkeiten zu eröffnen, selbst Medien zu produzieren, eine andere Rolle einzunehmen und damit die Perspektive des Medienrezipienten zu verlassen, und sei es nur für einen kurzen Zeitraum.

Pädagogik kann nicht „umerziehen“, wohl aber die Selbstlernkompetenzen fördern. Das meint nicht nur, den Umgang mit Medien zu vermitteln, sondern Möglichkeiten zu bieten, wie Kinder und Jugendliche sich die erforderlichen Kompetenzen aneignen, um am gesellschaftlichen Diskurs teilnehmen zu können.

Konkret möchte ich an einigen Thesen zeigen, welche Aufgaben sich für die Medienerziehung ergeben:

Medienerlebnisse fordern Kinder und Jugendliche heraus: Argwöhnisch sind Eltern, wenn die Mediennutzung ihrer Kinder passiv ist. Das spannende Spiel oder die interessante Diskussion im Forum oder Chat mit anderen sind zwei Beispiele für eine aktive Mediennutzung.

Das Fernsehen ist nicht so schlecht wie sein Ruf: Das Fernsehen als „Unterschichtenfernsehen" abzuqualifizieren, ist polemisch und trifft nicht die Realität. Niemand wird bestreiten, dass es Unterschiede in der Qualität bei Shows, Telenovelas, Gerichtssendungen, Krimis usw. gibt. Gleichwohl gibt es sehr gute Dokumentationen, Reportagen und Kindersendungen. Fernseherziehung heißt, Kinder zu befähigen, ihr eigenes Fernsehverhalten zu reflektieren und entscheiden zu können, wann sie den „Ausschaltknopf" auf der Fernbedienung drücken sollten.

Fernseherziehung ist mehr als Filme sehen: In der medienpädagogischen Arbeit werden gerne Filme eingesetzt, weil sie besonders gut biografische Zugänge ermöglichen. Bei der Reflexion über ihre Lieblingsfilme werden jene Themen angesprochen, die Jugendliche beschäftigen. Primär sind es Frauen- und Männerbilder, Beziehungen zwischen Mann und Frau sowie das Bedürfnis nach Nähe und Sicherheit. Die Filme dienen der „Selbstvergewisserung" auf dem Weg zum Erwachsenwerden. Dieser Prozess beginnt mit etwa 13 bis 14 Jahren, wenn die Abgrenzung von den Eltern beginnt. Filme, die in diesen Jahren wichtig waren, sind es in der Regel auch Jahre später. Das legt den Schluss nahe, dass die Themen über einen längeren Zeitpunkt aktuell bleiben. Filmgespräche mit Eltern bieten für die Jugendlichen eine gute Möglichkeit, Fragen, Ängste und Wünsche anzusprechen, ohne direkt von sich sprechen zu müssen. Eltern bietet sich die Möglichkeit, von den Bedürfnissen ihrer Kinder zu erfahren und zu wissen, womit sie sich beschäftigen.

Medienbilder werden gefiltert: Zu glauben, Kinder und Jugendliche wären den Bilderwelten ungeschützt ausgeliefert, entspricht nicht dem aktuellen Forschungsstand. Die Rezeption von Bildern ist vielschichtig und differenziert zu betrachten. Die Darstellung von Gewalt in den Medien wird damit keineswegs legitimiert oder als „ungefährlich" eingestuft.

Medienerziehung meint, den Kindern Kompetenzen zu vermitteln, um die Bilderwelten „decodieren" zu können.

Medien konstruieren Realitäten: Internet, Fernsehen und Co. gaukeln uns mitunter etwas vor, verzerren die Wirklichkeit. Die Models bei „Germany's next Topmodel" sind in Wirklichkeit nicht ganz so schön wie im Fernsehen. Die Bilder vom Gefangenenlager Guantanamo, in dem die amerikanische Regierung angebliche Terroristen gefangen hält, spiegeln eine falsche Realität wider.

Als Rezipienten haben wir allen Grund, den Medien zu misstrauen, deshalb ist Medienerziehung immer auch ein Stück Medienkritik und vermittelt Kompetenzen, die Wahrheit „zwischen den Bilderzeilen" lesen zu können.

Mobilität hat ihren Preis: Wir genießen die Vorzüge der mobilen Gesellschaft. Mobil bedeutet frei sein, sich in kürzester Zeit von Hamburg nach München bewegen zu können. Was wir leicht übersehen, sind die Folgen der Mobilität wie der Massentourismus, der

Straßen- und Fluglärm und die Handymanie, die Kinder und Jugendliche krank machen kann. Medienerziehung bedeutet, ein Bewusstsein für gesellschaftliche Prozesse zu schaffen, und ist so immer auch Gesellschafts- und Kulturkritik.

Pädagogisches Handeln vs. Ökonomie: Das Wirtschaftswachstum ist zum Mittelpunkt des wirtschaftlichen und ökonomischen Handelns geworden und hat gravierende Folgen für die kulturelle und gesellschaftliche Entwicklung der hoch entwickelten Industrieländer. Die virtuelle Welt des Internets ist nicht die Wirklichkeit, es ist eine konstruierte Welt, die auf Gewinn ausgerichtet ist. Private Rundfunkanbieter, Musikproduzenten und Verlage vertreiben ihre Medienformate mit dem Ziel, diese gewinnbringend zu vermarkten. Kinder und Jugendliche müssen wissen, dass hinter den Medien handfeste wirtschaftliche Interessen stehen, das gilt übrigens in zunehmendem Maße auch für das Internet.

Entfremdung von der Natur: Die Verstädterung ist nicht nur in Deutschland ein großes Problem, die Menschen ziehen vom Land, den dünner besiedelten Regionen, in die Vororte der Großstädte. Für die Kinder bedeutet dies weniger Platz zum Spielen, primäre Naturerfahrungen sind nur bedingt möglich. Die familiären Beziehungen, z.B. zu den Großeltern, lösen sich teilweise auf, die Kommunikation verlagert sich auf technische Geräte (z.B. elektronische Anmeldeverfahren). Weil die technische Zivilisation unser Verhältnis zur Natur verändert, müssen wir uns unserer eigenen Entfremdung zur Natur bewusst werden und Strategien zu ihrer Überwindung entwickeln.

Technik ist nicht alles: Seit über 100 Jahren leben wir in einem technischen Zeitalter mit erheblichen Folgen für die Körperlichkeit. Im Haushalt und in der

Arbeitswelt gibt es für fast alle Tätigkeiten technische Geräte, die auf der einen Seite dazu führen, dass wir Prozesse (z.B. vom Garen in der Mikrowelle bis zu Terminabsprachen mit Outlook) schneller umsetzen können. Andererseits suggeriert uns die Industrie, dass es keine Probleme gibt, die nicht durch eine technische Lösung behoben werden können, und diese sei in der Regel besser als eine menschliche.

Sport und Bewegung halten Körper und Seele fit: Wir entfremden uns von unserem eigenen Körper, seinen Wahrnehmungen, Regungen, Bedürfnissen. Das Gegenprogramm dazu heißt: ausreichend Sport und eine ausgewogene Ernährung.

Medien dürfen keine Zeitdiebe werden: Medien können einerseits Zeit einsparen helfen, andererseits stehlen sie uns unsere Lebenszeit. Stundenlang im Internet surfen und dann doch mit leeren Händen dastehen, ist kein Albtraum, sondern Medienwirklichkeit. Freiwillig spielen Jungen ein ganzes Wochenende Online-Rollenspiele, tummeln sich Mädchen stundenlang in Chaträumen.

Könnte es sein, dass wir immer leichter zu einer Software oder technischen Lösung (z.B. Powerpoint für eine Präsentation) greifen und ganz vergessen, dass es effektivere Alternativen dazu gibt (z.B. Tafel oder Flipchart), die auch noch zeitsparender sind?

Medien sind in dieser Hinsicht „Zeitfresser" und wir sind gut beraten, sorgfältig darauf zu achten, wie viel Lebenszeit wir den Medien geben.

Keine Erziehung ohne verbindliche Absprachen: Regeln sind wichtig, ob in der Schule oder im Elternhaus. Es gehört zum erzieherischen Auftrag, diese Regeln zu entwickeln, zu überprüfen und bei Nichtbeachtung die Konsequenzen zu ziehen. Das gilt übrigens nicht nur für die Medienerziehung.

Kinder sind leichtgläubig und sorglos: Es ist das Privileg der Kinder, neugierig, unverkrampft und teilweise sorglos die Welt zu entdecken. Dennoch: Kinder und Jugendliche müssen über die Gefahren aufgeklärt werden, sie brauchen die Hilfestellung der Erwachsenen bei der Einschätzung von Medieninhalten und der Mediennutzung.

Medien ausschalten: Mag das Computerspiel noch so interessant und der Film noch so spannend sein, es gibt noch andere Freizeitaktivitäten. Manchmal brauchen Kinder und Jugendliche nur eine Anregung. Medienerziehung meint nicht nur das Üben am und mit dem Computer, sondern zielt auf die Verhältnismäßigkeit zwischen realer Wirklichkeit und Computerwirklichkeit hin, meint auch, Zeiten der Medienabstinenz einzuhalten.

Kreativität der Kinder fördern: Kinder müssen lernen, mit Langeweile umzugehen, weil dadurch häufig sehr kreative Spielsituationen entstehen können. Computer, Fernsehen und Handy vermeiden Langeweile und verhindern damit u. U. die Entwicklung von Kreativität. Medienerziehung meint: gemeinsam Freizeit gestalten und Freizeitangebote überlegen.

Selbstdisziplin üben: Die Botschaft der Werbung lautet, wir leben im Überfluss, sollen kaufen und konsumieren. Der Effekt wirkt noch stärker, weil wir nun bis 22.00 Uhr einkaufen können. Medien stehen uns 24 Stunden am Tag an jedem Ort zur Verfügung. Wenn es keine Einschränkung durch äußere Bedingungen mehr gibt, wird es notwendig, Selbstbeschränkung und Selbstdisziplin zu lernen. Wie sollen Kinder sich im Verzicht üben, wenn ihre Eltern ihnen etwas anderes vorleben?

Wir müssen lernen, aus der Vielfalt der Bilder und Daten, die auf uns einwirken, jene auszuwählen, mit denen wir uns intensiver auseinandersetzen wollen. Das Gegenteil wäre „dauerhafte Berieselung". Wir müssen den Medienkonsum selber regulieren, selber entscheiden, wann wir was und wie viel sehen wollen, wann wir telefonisch erreichbar sein wollen, und selber aktiv über unsere Zeit entscheiden.

Hartmut von Hentig hat dies sehr pointiert formuliert: „Wir brauchen für eine Welt, in der es Computer gibt, vor allem etwas, was wir an den Computern gerade nicht lernen können – das offene, dialogische, zweifelnde, entwerfende, bewertende, philosophische Denken" (Hentig, 2002, S. 73).

Verantwortung für andere übernehmen: Toleranz gegenüber dem Nächsten üben, sich solidarisch mit den Schwächeren zeigen und die Bereitschaft entwickeln, wachsam und aufmerksam familiäre, kulturelle und gesellschaftliche Entwicklungen zu beobachten, diese bewerten sowie die nötige Zivilcourage haben, auf Ungerechtigkeiten hinzuweisen, ist eine wichtige Aufgabe der Medienerziehung. Dazu gehört auch, gegen Mobbing oder geheime Videoaufnahmen aktiv vorzugehen und als Eltern Ansprechpartner für die Kinder zu sein.

Vorbild sein: Alles reden ist umsonst, wenn die Taten nicht glaubwürdig und authentisch sind. Für jüngere Kinder sind Vater und Mutter „König" und „Königin". Kinder wollen so sein wie ihre Eltern. Sind Eltern Vorbilder, können sie den Kindern Visionen vermitteln, denen sie nachstreben.

Machen Computer im Kinderzimmer die Kleinen nun schlauer oder dümmer? Auch Mädchen sind gerne am Computer, aber sie spielen weniger als Jungen. Ob sich das auf ihre Leistungen auswirkt? Der Streit um die Frage, ob unsere Kinder dümmer (verblöden) werden oder nicht, ist nicht neu.

Software-Unternehmen werden wohl lieber zu dem Schluss kommen, dass Computer und Computerprogramme förderlich für die schulischen Leistungen sind. An Untersuchungen mangelt es auch nicht, die belegen sollen, wie gut die Kinder mit Computersoftware lernen und dass es einen positiven Zusammenhang zwischen Lernsoftware und Schulnoten gibt. Aber ist das hinreichend?

Die Realität sieht wohl so aus: Eher wenige Kinder werden aus eigenem Interesse Lernprogramme installieren und nutzen. Meistens dürften es die Eltern sein, die den Kindern die mitunter teuren Programme finanzieren und sie auffordern, diese auch zu nutzen. Der Computer im Kinderzimmer bietet also noch längst nicht den möglichen Lernzuwachs, und ob durch den Einsatz von Lernsoftware die Noten in den Hauptfächern nach oben gebracht werden, ist ebenfalls fraglich. Auch wenn durch den Einsatz von Lernprogrammen aus mittelmäßigen Schülern noch keine Überflieger werden, so lernen sie dennoch Neues und können Informationen vertiefen.

Eines steht wohl fest: Die Kombination von Computereinsatz und dem Bildungseinsatz der Eltern führt sicher zu „klügeren" Kindern.

Im Vergleich zu vorangegangenen Generationen sind unsere Kinder sicher „klüger" geworden. Allen Unkenrufen und Pisa zum Trotz: Das Bildungsniveau in Deutschland ist hoch und man sollte es nicht schlechter reden, als es ist.

Viele Kinder sind gesund, bewegen sich viel und wachsen in einen positiven Familienklima auf. Trotz steigender Scheidungszahlen und weniger Kinder: Mütter wie Väter kümmern und sorgen sich um ihre Kinder, verbringen viel Zeit mit ihnen und helfen, wo sie können. Die Kinder honorieren das, sind mit dem Erziehungsstil ihrer Eltern zufrieden und 70 Prozent der Kinder wollen ihre Kinder genauso erziehen, wie sie erzogen wurden (vgl. Shell-Studie).

Viele Probleme gibt es bei jenen Kindern, deren Leben durch Arbeitslosigkeit, Perspektivlosigkeit und Armut gekennzeichnet ist. Dort wird geballert, was das Zeug hält, dort heißt das Spielzeug Fernsehen, und dort sind die Ernähungsgewohnheiten teilweise katastrophal. Dort gibt es deutlich mehr „auffällige Kinder", die Konflikte mit ihren Fäusten austragen und psychisch labil sind. Diese Kinder benötigen unsere ganze Aufmerksamkeit, denn der verantwortungsvolle Umgang mit Medien setzt Bildung und Wissen voraus.

Werteorientierung im Mediendschungel

Unsere Reise durch die Medien ist fast zu Ende. Können die Eltern der Zaubermeister sein?, lautete die Ausgangsfrage. So wie Goethe ihn dargestellt hat, wohl weniger, dazu kennen die Jugendlichen des 21. Jahrhunderts die technischen Zaubertricks der Medien besser als ihre eigenen Eltern. So wenig wie der Zaubermeister sich zum „Moralapostel" aufschwingt, so wenig sollten dies die Eltern heute tun, und in den meisten Fällen tun sie das auch nicht. Und doch können die Eltern den Zaubermeister in einer anderen Weise verkörpern, in ideeller Weise, weil sie es sind, die Werte, Normen und Traditionen an ihre Kinder weitergeben und vorleben.

Gerade weil unsere Zeit begrenzt ist und die Mediengesellschaft uns so viele Optionen bietet, müssen wir uns ständig für bestimmte Medien und Programme entscheiden. Wenn wir Zeitung lesen, können wir nicht gleichzeitig am Computer arbeiten und den aktuellen

Blockbuster sehen. Wir können nicht gleichzeitig telefonieren und Freunde besuchen.

Wir sind die Regisseure der Medien und bestimmen selbst, welche Sendungen wir uns anschauen, welche Internetseiten wir aufrufen, welche Computerspiele wir spielen, und entscheiden, wann wir damit aufhören und etwas anderes tun. Es steht uns frei, uns anderen Dingen zuzuwenden. Auch entscheiden wir, wem und was wir unsere Aufmerksamkeit schenken, dem Fernseher oder den Kindern, dem Internet oder den Freunden. Als mündige Bürger haben wir es in der Hand, uns im Strom der Medien treiben zu lassen oder aktiv auszuwählen.

Es klingt auf den ersten Blick vielleicht etwas altbacken: Die Tugend des „Maßhaltens" meint, den richtigen Mittelweg zu finden. Das Gegenteil ist Maßlosigkeit. Wenn wir bei den Medien nicht „Maß halten", dann versinken wir in den Fluten der Dauerberieselung diverser Unterhaltungsformate oder in den Chats und Spielwelten des Internets.

Die in regelmäßigen Abständen wiederkehrende Debatte über den Wertewandel oder Werteverfall zeigt, wie wichtig diese Diskussionen für das soziale Miteinander sind. Vielen Menschen macht der Wandel Angst, weil er das Bestehende infrage stellt und damit die Unsicherheit schürt. Bei manchen führt dies dazu, den Wandel mit „Werteverfall" gleichzusetzen. Beklagt wird, dass die Verbindlichkeit der Werte nicht mehr gegeben ist und Werte nun wieder neu in Familie, Schule und Gesellschaft eingeführt werden sollten.

Verankert sind Werte im Denken und Empfinden der Menschen, sie sind die Maßstäbe für das Handeln und in ethischen, religiösen oder kulturellen Vorstellungen begründet. Für die Wertevermittlung von Kindern bedeutet das, sie sollen geistig, moralisch und emotional kompetent sein, um verantwortungsbewusst handeln zu können.

Eine werteorientierte Medienerziehung wird Kindern Erfahrungsräume bieten, in denen sie üben können. Dazu ist es nötig, dass Kinder Werte kennen und sich darüber mit den Eltern, Erziehern, Lehrern, aber auch Gleichaltrigen auseinandersetzen. Gleichberechtigung von Mann und Frau, Solidarität mit den Armen und Schwachen, Sorge um die Bewahrung der Schöpfung, Einsatz für Frieden und Gerechtigkeit, Bedeutung von Beziehungen und Aufrichtigkeit oder die Sorge um die ältere Generation sind solche Werte, die auch in der postindustriellen Gesellschaft Bedeutung haben. Bei dieser wichtigen Aufgabe dürfen die Familien nicht allein gelassen werden, sie brauchen die Unterstützung von Institutionen, der Politik und den Kirchen. Diese können die Familien darin unterstützen, dass sie ihre eigenen Werte reflektieren und sie an ihre Kinder vermitteln.

Damit Werte wirken können, müssen sie akzeptiert sein. In Europa waren über die Jahrhunderte die christlichen Religionen die alleinigen Vermittler der Werte. Das hat sich geändert, heute gibt es viele „Anbieter" von Wertemodellen; nicht nur die Welt hat sich verändert, die Werte eben auch. In einer Gesellschaft der Wertepluralität konkurrieren die Werte miteinander. Und die Medien gehören eben auch zu Wertevermittlern, indem sie über lokale, regionale und kulturelle Grenzen hinweg unterschiedliche Wertemodelle vorstellen.

Die schwierige Aufgabe besteht darin, aus den vielen Werten auszuwählen, zu entscheiden, was mir wertvoll ist. Diese Aufgabe kann uns niemand abnehmen.

Eine wertorientierte Medienerziehung wird sich immer neu vergewissern müssen, welche Werte den Kindern vermittelt werden sollen. Das gelingt dann, wenn Eltern sich über ihre Wertvorstellungen verständigt haben, wissen, was ihnen etwas wert ist und welche Erziehungsziele sie verfolgen.

Das weist auf einen letzten Aspekt hin: Nicht so sehr das Fachwissen von und über Medien wird in unserer Gesellschaft wichtiger, das können wir uns überall online verfügbar machen. Was wir brauchen, ist ein „Orientierungswissen“. Damit sich die Kinder in den Medienwelten nicht verlieren, eben nicht „verblöden“, müssen wir ihnen Orientierungspunkte an die Hand geben. Als Eltern ist es unsere Aufgabe, den Kindern geschützte Erfahrungsräume anzubieten, in denen sie experimentieren können und sich sicher fühlen dürfen. Den Gesprächsfaden nicht zu verlieren und im Dialog mit den Kindern diese Erfahrungsräume immer neu an die Entwicklung der Kinder anzupassen, gehört sicher zu den anspruchsvollsten Aufgaben der Erziehung. Das ist wichtig, weil wir die künftige Entwicklung der Medienwelt nicht vorhersagen können, und es wäre unglaublich fahrlässig, einfach nichts zu tun. Das sind die „Zaubersprüche“ der Eltern.

8. Die Trauer bleibt! – Zum Amoklauf in Winnenden

Nach dem 11. März 2009 ist nicht nur die Welt in Winnenden aus den Fugen geraten: Dieser Tag hat ganz Deutschland auf grausame Weise vor Augen geführt, dass Erfurt 2002 und Emsdetten 2006 aktueller denn je sind. Der 17-jährige Tim K. hat an diesem Tag 15 Menschen erschossen und sich danach selbst gerichtet. Wie kommt ein junger Mensch zu so einer Tat, der doch das Leben noch vor sich hatte? Was war er für ein Mensch? Was war sein Motiv?

Die Recherchen ergeben das Bild eines sensiblen 17-Jährigen aus einer Mittelschichtfamilie: Tim K. wächst mit seiner jüngeren Schwester in einem Einfamilienhaus auf. Der Vater hat ein gutes Einkommen, die Mutter arbeitet vormittags und kümmert sich nachmittags um die Kinder. Tim hat ein geräumiges Zimmer mit Kickertisch, Video- und Computerspielen, Modelleisenbahn, was Jungen eben so haben. Fernsehen, Computer und Playstation stehen in vielen jugendlichen Zimmern, man könnte geneigt sein zu sagen, Tim hatte eine normale Medienausstattung. Auffallend sind vielleicht die vielen Spielzeugwaffen.

Die Familie ist fest verwurzelt in der Kleinstadt und zudem angesehen. Eine gutbürgerliche Familie und keine „Problemfamilie“.

Leistungsdruck? Das schon. Der Vater sei sehr ehrgeizig gewesen, der Junge spielte Tischtennis, der Vater fuhr ihn nicht nur zum Training, sondern bezahlte für den Junior Einzelstunden, wollte, dass aus dem Jungen ein sehr guter Tischtennisspieler wird.

Ein weiteres Hobby von Tim waren Waffen, er war ein guter Schütze und hatte im Gegensatz zu seinen Mitschülern nicht nur eine „Softgun", sondern gleich ein ganzes Dutzend.

Den Kontakt zu seinen Mitschülern verlor Tim anscheinend in der sechsten oder siebten Klasse. In der Schule wurden seine Noten zusehends schlechter, auch zog er sich immer mehr zurück und den Realschulabschluss schaffte er nur mit Mühe. Als sicher gilt, dass der Junge nach der Schule Counter-Strike und Far Cry 2 spielte. Die Ermittler fanden auf seinem Computer pornografische Bilder.

Im Internet war Tim unter dem Pseudonym Jaws-Predator1 unterwegs, schrieb und debattierte über den Amoklauf von Erfurt. Er hat sich mit der Tragödie in Erfurt auseinandergesetzt, ob und in welcher Weise Erfurt ein Wegweiser für seine eigene Tat war, wird wohl nie endgültig geklärt werden können.

Offen, so berichten Zeitzeugen, hat Tim nie rebelliert, weder gegen den Vater, die Klassenkameraden noch gegen die Lehrer. Er war ein unauffälliger Junge. Genau hier müssten pädagogische Maßnahmen ansetzen. Die „auffälligen" Jungen sind den Verantwortlichen in Schule und Jugendamt namentlich bekannt. Doch was ist mit den unauffälligen, die sich nicht offen mit Lehrern streiten? Was verbirgt sich hinter deren Fassade von „Normalität"? Müssten wir ihnen nicht ebenso unsere Aufmerksamkeit widmen, um ein zweites oder drittes Winnenden zu verhindern?

Sechs Familien von getöteten Kindern haben einen offenen Brief an den Bundespräsidenten, die Bundeskanzlerin und den Ministerpräsidenten von Baden

Württemberg geschrieben. Sie schreiben unter anderem:

„Wir wollen weniger Gewalt im Fernsehen. Das Fernsehen, als noch wichtigste Informations- und Unterhaltungsplattform, hat einen sehr großen Einfluss auf die Denk- und Gefühlswelt unserer Mitbürger. Das Fernsehen setzt heute die ethischen und moralischen Standards. Wenn wir es zulassen, dass unseren Mitbürgern weiterhin täglich Mord und Totschlag serviert werden, ist abzusehen, dass die Realität langsam, aber stetig dem Medienvorbild folgen wird. Von den Sendern muss verlangt werden, dass sie ein ausgewogenes Programm anbieten und die Zurschaustellung von Gewalt reduziert wird. Eine Gewaltquote, der Anteil von Sendungen mit Gewalt in Relation zur Gesamtsendezeit pro Sender, sollte eingeführt werden.

Wir wollen, dass Killerspiele verboten werden. Spiele, ob über Internet oder auf dem PC, die zum Ziel haben, möglichst viele Menschen umzubringen, gehören verboten. Gleiches gilt für alle Gewalt verherrlichenden Spiele, deren Aufbau und Darstellung sehr realistisch sind und bei denen viel Blut fließt.

Wir wollen mehr Jugendschutz im Internet. In der virtuellen Welt werden heute anonym und gefahrlos Gedankengänge artikuliert und diskutiert, die eine Bedrohung für unsere Gesellschaft darstellen. Wie diese Aktivitäten eingedämmt werden können, wissen wir nicht. Es darf aber nicht sein, dass sich junge Menschen anonym gegenseitig aufhetzen und zu Gewalteskalationen auffordern.

Wichtiger für die Angehörigen und unser aller Zukunft ist die Frage: Wie konnte es geschehen? Wir wollen wissen, an welchen Stellen unsere ethisch-moralischen und gesetzlichen Sicherungen versagt haben. Dazu gehören auch das Aufzeigen der persönlichen

Verantwortung und die daraus folgenden – auch juristischen – Konsequenzen."

Die Forderungen der Eltern sind plausibel und nachvollziehbar. Dennoch sieht die Realität anders aus und wird es vermutlich auch auf absehbare Zeit sein: Die Fernsehanstalten werden viele Gründe benennen, warum sie über diese oder andere Gräueltaten berichten müssen und ihre Programmformate wohl nur dann anders ausrichten, wenn die Einschaltquoten sinken, wenn wir alle unser Fernsehverhalten ändern. Die Verantwortung liegt also nicht nur bei den Medien.

Die Computerspielhersteller werden glaubhaft versichern, dass sie alles tun, damit diese Spiele nicht von Minderjährigen gespielt werden. Sie werden darauf verweisen, dass viele Eltern ihrer Sorgfaltspflicht nicht nachkommen und es im Übrigen wissenschaftlich nicht erwiesen sei, dass diese und vergleichbare furchtbare Taten direkt auf das Spielen von Counter-Strike und Co. zurückzuführen sei. Schließlich würden doch Tausende, ja Millionen Menschen diese Spiele spielen. Wenn wir diese Computerspiele kaufen, warum sollten die Computerhersteller so etwas nicht entwickeln und produzieren? Schließlich finden diese Produkte reißenden Absatz. Der Verbraucher hat durch seine Kaufentscheidungen einen nicht zu unterschätzenden Einfluss auf die Produkte.

Die Internetgemeinde wird aufheulen, das Internet sei doch nicht das Problem. Es gäbe eben Psychopathen, Kriminelle, Depressive und Frustrierte, die sich im Internet tummeln. Dafür könne man doch nicht das Internet verantwortlich machen.

Den Lobbyisten werden viele weitere Gründe einfallen, warum dieses oder jenes nicht getan werden kann. Was verändert sich also, wenn die Medien weiter berichten, es weiter Gewalt verherrlichende Computerspiele zu kaufen gibt oder diese in Foren und Internetplattformen illegal heruntergeladen werden können?

Der Vorstoß des Familienministeriums, Hass und Pornografie gesetzlich zu verbieten, mutet da eher an, wie Don Quichottes Kampf gegen die Windmühlen, und es ist unwahrscheinlich, dass die Initiative den gewünschten Erfolg erzielen wird. Der eingeschlagene Weg ist jedoch nicht generell falsch: Notwendig sind verbindliche europäische und globale Regelungen zu problematischen Fernsehformaten, Gewalt verherrlichenden Computerspielen oder Gewalt und Pornografie im Internet; diese gibt es bisher noch nicht.

Christian Pfeiffer, der langjährige Direktor des Kriminologischen Forschungsinstituts in Hannover forscht seit Jahren zu Computerspielen und seinen Auswirkungen. Nicht Mädchen sind seiner Ansicht nach das Problem, sondern die Jungen. Nach seiner Einschätzung besorgt sich jeder dritte Jugendliche Computerspiele, die entweder erst ab 18 Jahren zugelassen sind oder auf dem Index der jugendgefährdenden Computerspiele stehen.

Selbst Computerspieler werden zugeben, dass diese Spiele eine prägende Wirkung auf die in der Entwicklung stehenden Gehirne entfalten können. Hier sei darauf verwiesen, dass die Militärstrategen der USA gezielt „Ballerspiele“ für die Soldaten einsetzen mit dem Ziel, dass die Soldaten in Kampfsituationen möglichst kein Mitgefühl (Empathie) mit dem Feind empfinden. Und je realistischer die Darstellung, je authentischer die Waffengattungen und Spielsituationen, desto verheerender kann die Wirkung sein. All das muss wissenschaftlich sicher noch weiter erforscht werden, dennoch wird man nicht sagen können, diese Ballerspiele hätten keine Wirkung.

Wenn sich die jugendlichen Spieler zusehends in diese kriegerischen Welten verirren, dort Erfolge und sogar ihren „Lebenssinn“ erfahren, es ihr „neues Zuhause“ ist, dann leben sie in einer Parallelwelt, in der sie ihre Ängste und Phantasien ungezügelt ausleben können. Dann besteht die Möglichkeit, den Tatort aus dem Spiel in die Realität zu verlegen, nicht selten sind es die Schulen.

Nach Einschätzung von Kinderpsychologen liegt denn auch das Motiv der Jugendlichen für so eine grausame Tat nicht in einer psychischen Störung begründet, sondern darin, dass sie unglücklich mit sich selbst, der Familie und ihrem Leben sind. Häufig leben sie zurückgezogen, in ihrer eigenen Welt, passen sich aber durchaus den Gepflogenheiten ihrer Umwelt an. Nicht selten leben sie als Außenseiter in der Schule, werden teilweise ausgegrenzt, schikaniert und angefeindet, sind ihre besten Freunde die Computerspiele. Der in ihnen aufgestaute Hass und die unbändige Wut projizieren sie auf die Schule. Die Täter stammen daher auch nicht unbedingt aus „schwierigen Familien“, sondern häufig aus der Mittelschicht.

Was sollten wir tun, damit sich eine so schreckliche Tat, wie in Winnenden, nicht wiederholt?

Vielfach sind es längst bekannte Antworten. Zunächst sind es Eltern, die den Kindern Vorbild in Sachen Medien sein können. Sie kaufen die Fernseher, Computer, Handys, MP3-Player und bezahlen die Internetzugänge. Sie sollten daher auch wissen, was ihre Kinder spielen, wie lange sie spielen und welche Gefahren von den Medien ausgehen können. Zu den Aufgaben der Eltern gehört es, ihre Kinder – auch im Umgang mit Medien – zu erziehen.

Weil nicht alle Eltern in gleicher Weise dieser Aufgabe gerecht werden können, müssen gesellschaftliche Institutionen (Kindergärten und Schulen) mithelfen. Dazu benötigen wir medienpädagogisch ausgebildetes

Fachpersonal. Wenn das gelingt, dann ist schon einiges gewonnen. Dennoch wird man nicht umhinkommen, ethisch-moralische Kriterien aufzustellen und diese durch den Gesetzgeber festzusetzen. So wie Kinderpornografie verboten und geächtet werden muss, so wird man auch darüber nachdenken müssen, was Kinder und Jugendliche sehen und spielen sollen. Sehr genau ist zu prüfen, wo ethisch-moralische Grenzen überschritten werden. Dies gilt nicht nur für die viel kritisierten Computerspiele, sondern generell für den mitmenschlichen Umgang. Denn Mobbing an Schulen gab es schon lange vor den Computerspielen und dem Internet.

Wenn wir alle etwas aus dieser Tragödie lernen können, dann doch wohl dieses: Die Medienerziehung unserer Kinder ist eine gesamtgesellschaftliche Aufgabe und Herausforderung.

Anhang

Die folgenden Fragen und Arbeitsblätter können Sie kostenlos von meiner Internetseite (www.medienmobile.de) herunterladen.

Eigene Mediennutzung

Selbsteinschätzung zur Medienausstattung und Mediennutzung. Wenn Sie die Tabelle ausfüllen, erhalten Sie einfach und schnell einen Überblick darüber, welche Medien Sie pro Tag wie lange nutzen.

Medien in unserem Haushalt	**Ja**	**Nein**	**Anzahl Geräte**	**Nutzung in der Woche (in Minuten)**	**Nutzung am Wochenende (in Minuten)**
Fernseher					
Radio					
Handy					
Computer					
CD-Player					
Internet					
DVD-Recorder					
MP3-Player					
Hifi-/Stereoanlage					
Tageszeitung					
Wochenzeitung					

Medien in unserem Haushalt	Ja	Nein	Anzahl Geräte	Nutzung in der Woche (in Minuten)	Nutzung am Wochenende (in Minuten)
Überregionale ABO-Zeitung					
Programmzeitschrift					
aktuelle Illustrierte					
Spezialzeitschrift					
Videorekorder					
Bücher					
Plattenspieler					
Sonstige					

Fragebogen Kindersendungen

Mit diesen Fragen können Sie selbst ohne großen Aufwand eine Kindersendung analysieren.

- Welche Personen und/oder Tiere werden dargestellt? Notieren Sie sich die Namen.
- Wie werden die Personen und/oder Tiere (gut, böse, dunkel, hell ...) dargestellt?
- Mit welchen Spezialeffekten (Außerirdische, Unterwasser, Nebel ...) wird gearbeitet?
- Wie werden Konflikte gelöst?
- Was für eine Botschaft will die Kindersendung vermitteln?
- Welche Rollen (starker Mann, schwache Frau ...) gibt es?
- Mein persönlicher Eindruck ist ... (ansprechend, interessant, wenig überzeugend, übertrieben ...)

Persönliche Medienvorlieben

Wenn alle in der Familie das Arbeitsblatt ausfüllen, erhalten Sie einen guten Überblick über die Medienvorlieben und können darüber ins Gespräch kommen.

Mein(e) Lieblingsschriftsteller/in

Welcher Film hat mich besonders beeindruckt?

Meine Lieblingslektüre

Meine Lieblingsmusik

Mein(e) Lieblingsschauspieler/innen

Mein Lieblingscomputerspiel

Meine Lieblingsinternetseite

Welche Sendung(en) sehe ich regelmäßig im Fernsehen?

Wenn ich folgenden Satz lese: „Kinder wachsen mit Medien auf“, was fällt mir dazu ein?

Fernsehen finde ich …
weil …

Kino finde ich …
weil …

Das Internet finde ich …
weil …

Bücher finde ich …
weil …

Theater finde ich …
weil …

Das Handy finde ich …
weil …

---

10 Tipps zum Umgang mit dem Fernsehen

1. Beachten Sie, dass die dem Fernsehen gewidmete Zeit begrenzt bleibt und nicht die eigenen Aktivitäten allzu sehr beschneidet.
2. Nehmen Sie nach Möglichkeit am Fernsehkonsum der Kinder teil und sprechen Sie vor allem bei jüngeren Kindern über die Fernseheindrücke.
3. Die eigenen Tätigkeiten der Kinder sollten Sie höher einschätzen als den Fernsehkonsum.
4. Setzen Sie das Fernsehen nicht als Belohnung oder Strafe ein, sonst wird es zum Gradmesser für gutes und falsches Verhalten.
5. Bieten Sie Ihrem Kind Alternativen wie Vorlesen, Basteln, Gesellschaftsspiele und beziehen Sie es in die Familiengemeinschaft ein.
6. Schalten Sie nicht einfach den Fernseher ein. Besser ist es, zunächst in der Fernsehzeitschrift zu sehen, was gerade im Fernsehen angeboten wird. Für

viele ist es leichter, den Fernseher erst gar nicht einzuschalten, als ihn auszuschalten. Die Versuchung, vor dem Fernseher „hängen zu bleiben", ist doch ziemlich groß.

7. Achten Sie beim Gebrauch von Videokassetten/DVDs unbedingt auf die Alterseignung der Filme, die nach dem neuen Jugendschutzgesetz immer angegeben sein muss.
8. Lagern Sie Videokassetten und DVDs, die für jüngere Kinder nicht geeignet sind, an einem separaten Ort.
9. Geben Sie Ihrem Kind durch den eigenen, sinnvoll ausgewählten und zeitlich angemessenen Fernsehkonsum ein gutes Beispiel.
10. Bei älteren Kindern können Sie ein Zeitkonto einführen: Dem Alter angemessen erhalten die Kinder über einen vorher festgelegten Zeitraum (z.B. eine Woche) ein frei verfügbares Zeitkontingent (z.B. 8 Stunden). Damit erhalten Kinder nicht nur eine eigene Verantwortung, sondern lernen auch, sich die Zeit einzuteilen.

Kommentierte Links

Fernsehen

www.forum.quotenmeter.de/forum: Das Online-Fernsehmagazin Quotenmeter legt den Schwerpunkt auf das Fernsehen. Neben den Quoten der Serien und Spielfilme gibt es ein gut besuchtes Forum. Die Webseite gibt einen Überblick über die „Flops“ und verfügt über ein umfangreiches Serienlexikon.

www.tvmatrix.net: ist ein unabhängiges Onlinemagazin für Deutschland, Österreich und die Schweiz. Durch die drei Länderversionen (www.tvmatrix.de, www.tvmatrix.at, www.tvmatrix.ch) gibt es eine regional spezifische Berichterstattung. Neben tagesaktuellen News aus der Film- und Fernsehwelt gibt es bei TVmatrix auch kritische Kolumnen und ausgewählte TV-Tipps. Im Forum können die Teilnehmer über aktuelle Fernsehthemen diskutieren.

www.funkkorrespondenz.de: erscheint als Printversion 14-tägig und bietet Hintergrundinformationen zu den Bereichen Medienpolitik, Fernsehen, Hörfunk und Personen. Setzt sich durchaus kritisch mit der Medienentwicklung auseinander.

www.media-perspektiven.de: erscheint monatlich als Fachzeitschrift im Auftrag der Arbeitsgemeinschaft der ARD-Werbegesellschaften. Medienwissenschaftliche und medienpolitische Themen stehen im Zentrum der Auseinandersetzung.

Computerspiele

www.gameparents.de: ist die Internetpräsenz des gemeinnützigen Vereins GameParents.de e.V. Der Verein möchte ein besseres Verständnis von Eltern im Umgang mit den neuen Medien (Computerspiele und Internet) erreichen. Die Veranstalter sind auch bereit, bei Veranstaltungen aufzutreten. Kurze Beschreibungen zu Computerspielen gibt es ebenso auf der Webseite wie Tipps zu Jugendschutztechniken.

www.wow-europe.com: Offizielle World-of-Warcraft-Fanseite in deutscher Sprache.

www.wow-blogger.de: Neben dem Computerspiel gibt es auch den Weblog zu World of Warcraft.

Handy

www.handysektor.de: Initiatoren sind die Landesanstalt für Medien Nordrhein-Westfalen (LfM) und der Medienpädagogische Forschungsverbund Südwest (mpfs). Die Internetseite ist für Jugendliche entwickelt, die Themen reichen von „Abo kündigen“ bis „Pornografie“.

www.handy-in-kinderhand.de: Initiiert von der Aktion Jugendschutz, Landesarbeitsstelle Bayern e.V. Das Angebot richtet sich an Eltern, gibt Antworten auf häufig gestellte Fragen zur Handynutzung und weist auf Gefährdungen hin.

www.handywissen.info: Die Internetseite der Landesstelle Kinder- und Jugendschutz Sachsen-Anhalt e.V. bietet neben Tipps für Eltern auch aktuelle Forschungsergebnisse.

www.jugend-und-handy.de: Die Mobilfunkunternehmen informieren Eltern über die Möglichkeiten und Probleme der Handynutzung. Neben Beiträgen rund um das Handy finden Eltern Erklärungen zur Funktionsweise der Geräte. Das Internetportal geht aus der Selbstverpflichtung zwischen den Unternehmen und der FSM (Freiwillige Selbstkontrolle Multimedia) hervor und wird durch die Landesstelle Kinder- und Jugendschutz Sachsen-Anhalt und dem Internetportal klicksafe.de unterstützt.

Medienkompetenz

www.medienkompetenz-nrw.de: Das wohl größte Onlineportal in NRW bietet Informationen über Projekte, Neuigkeiten sowie Veranstaltungen rund um das Thema Medienkompetenz.

www.alm-medienkompetenz.de: Das Portal der Arbeitsgemeinschaften der Landesmedienanstalten informiert über Projekte und Aktionen zur Medienkompetenz.

www.lfm-nrw.de/medienkompetenz_neu/infos_projekte/neuemedien.php3: Eine Schriftenreihe der Landesanstalt für Medien in NRW zur Medienkompetenz.

www.zappen-klicken-surfen.de: Dort gibt es eine Broschüre vom Bundesministerium für Familie, Senioren, Frauen und Jugend und dem Institut für Medienpädagogik.

Medienforschung

Der Medienpädagogische Forschungsverbund Südwest gibt regelmäßig die Studien „Kinder und Medien" (KIM) und „Jugend, Information, (Multi-)Media" (JIM) zur Medienforschung heraus. Die Ergebnisse können von der Webseite **www.mpfs.de** heruntergeladen werden.

In der ARD/ZDF-Online-Studie wird die Entwicklung der Internetnutzung erforscht. Die Studie wird jährlich erhoben und ist unter **www.ard-zdf-onlinestudie.de** abrufbar.

Das Hans-Bredow-Institut in Hamburg forscht seit Jahren im Bereich der Computer- und Videospiele. Der komplette Bericht ist auf der Seite **www.hans-bredow-institut.de** herunterladbar.

Schule

www.bildungsserver.de: Der Bildungsserver bietet viele Informationen zur Medienkompetenz und führt zu Bildungsinformationen im Internet.

www.lehrer-online.de: ist ein Projekt von Schulen ans Netz e.V. Im Zentrum stehen Unterrichtseinheiten, die im Unterricht eingesetzt werden können. Nützliche Hinweise zur Medienkompetenz ergänzen den Webauftritt.

www.mediaculture-online.de: ist das Portal des Landes Baden-Württemberg und bietet kreative Formen der Unterrichtsgestaltung vom Bastelbogen bis zum selbst produzierten Podcast.

www.secure-it-nrw.de: ist eine Initiative des Ministeriums für Innovation, Wissenschaft, Forschung und Technologie des Landes NRW. Lehrer erhalten Arbeitsmaterialien für den Unterricht an Grundschulen und weiterführenden Schulen.

www.klicksafe.de: Mit dem Angebot sollen Kinder, Jugendliche, Eltern, Pädagogen, Multiplikatoren und Anbieter von Internetseiten für die Sicherheit im Internet sensibilisiert werden. Durch die enge Vernetzung auf europäischer Ebene sind vielfältige Kooperationen möglich, wodurch ein besserer Austausch gewährleistet wird.

www.schulen-ans-netz.de: ist eine Initiative des Bundesministeriums für Bildung und Forschung und der Deutschen Telekom AG. Die Webseite bietet Schulen virtuelle Kommunikationsräume, Lehrmaterial und Fortbildungen sowie Publikationen an.

www.bsi-fuer-buerger.de: ist eine Informationsseite des Bundesamtes für Sicherheit in der Informationstechnik (BSI). In einfachen Worten werden alle sicherheitsrelevanten Fragen vom Browser bis zum WLAN erklärt. Die Seite ist sehr gut gegliedert und die Texte können ausgedruckt werden.

www.schau-hin.info: Die Aktion gibt praktische Orientierungshilfen zur Mediennutzung und -erziehung. Sie gibt Tipps und Informationen zu elektronischen Medienangeboten sowie deren Handhabung. Experten vermitteln Wissen und geben Eltern Ratschläge für den Umgang mit Medien. „Schau hin“ ist eine Initiative vom Bundesministerium für Familie, Senioren, Frauen und Jugend in Partnerschaft mit Arcor-Telekommunikationsunternehmen, ARD und ZDF.

www.bundesforum-familie.de: wird vom Bundesministerium für Familie, Senioren, Frauen und Jugend gefördert und arbeitet projektbezogen. Von 2000 bis 2002 war der

Schwerpunkt Familie und Medien. Mehr als 100 Institutionen sind Mitglied.

Internetportale für Kinder

Mittlerweile gibt es sehr umfangreiche Internetportale für Kinder. Allerdings sind diese Portale nicht nur speziell für eine bestimmte Altersgruppe entwickelt. Dies ist eine kleine Schwäche, da für die Eltern nicht ersichtlich ist, ob die Inhalte auch für ihre Kinder geeignet sind.

www.blinde-kuh.de: ist der Klassiker für Kinder bis 12 Jahre. Diese Seite gibt es seit den Anfängen des Internets 1996, sie ist nicht kommerziell und gehört zu den besten deutschsprachigen Seiten. Seit August 2004 fördert das Bundesfamilienministerium die Blinde Kuh auch mit Personalmitteln. Heute ist Blinde Kuh ein gemeinnütziger Verein zur Förderung, Vernetzung und Bereicherung der unabhängigen und nichtkommerziellen Internet-Kultur von Kindern unter 14 Jahren. Die Webseite bietet eine Vielzahl von Themen über Forschen, Lesen, Plaudern, Lernen bis hin zum Spielen. Wer Informationen zu Tieren sucht, ist hier bestens aufgehoben. Die Seite ist sehr übersichtlich nach Themen aufgebaut. Eine umfassende Suchfunktion führt schnell und einfach zu den gesuchten Inhalten.

www.internet-abc.de: bietet nicht nur Seiten für Kinder, sondern auch einen speziellen Bereich für Eltern und Pädagogen. Durch die Rubriken „Reiseführer durchs Internet", „Internet von A bis Z" oder „Sicher im Netz" finden Eltern viele nützliche Tipps.

www.kika.de: (Kinderkanal) ist das Kinder- und Jugendprogramm der öffentlich-rechtlichen Sender ARD und ZDF. Die Internetseite wirkt recht bunt und verspielt und ist für Kinder unter 12 Jahren entwickelt worden. Neben dem aktuellen Tagesprogramm gibt es viele Hintergründe zu Kinderfernsehen und weiterführende Links auf Kinderseiten.

www.kindersache.de: ist speziell für Kinder entwickelt worden. Die Inhalte sollen von Kindern und Jugendlichen mitgestaltet werden. Kindersache gehört zum Medienreferat beim Deutschen Kinderhilfswerk. Das Deutsche Kinderhilfswerk hat ebenfalls Seiten für Erwachsene und interessierte Jugendliche (www.kinderpolitik.de) entwickelt.

Kindersache selbst bietet Möglichkeiten zum Chatten und Mailen. Die Seite ist interaktiv, Kinder können ihre Meinung sagen, was ihnen an den Seiten gut bzw. nicht so gut gefällt. Das Ziel der Betreiber ist es, dass die Kinder über ihre Rechte informiert und für politische Fragen sensibilisiert werden. Kindersache ist ein eher politisches Internetportal. Neben der Information über ein kinderfreundliches Internet gibt es viele Spiele. Aktiv werden können Kinder in der Zeitung „Rabatz". Es ist eine Onlinezeitung, die von den Beiträgen der Nutzer lebt. Die Themen orientieren sich an denen einer klassischen Tageszeitung.

www.wasistwas.de: gehört zu den besten technischen Seiten im Web. Kinder und Jugendliche sind neugierig, wollen wissen, wie etwas funktioniert. Diese Seite gibt die passenden Antworten auf viele Fragen. Im Zentrum stehen die Wissenswelten (Geschichte, Natur und Technik, Wissenschaften, Sport und Kultur). Die Verbindung zwischen der Buchreihe „Was ist was?" und der Webseite ist zwar offensichtlich, jedoch hält sich der Verlag in der Eigenwerbung zurück.

www.geolino.de: ist aus der Zeitschrift Geo entstanden. Die Themen reichen von Natur, Mensch, Technik, Kreativ, Tests und Spiele bis zu den Nachrichten. Zu allen Themen gibt es ein Archiv. Wie bei fast allen gibt es ein Forum und eine Newsletterfunktion.

www.flimmo.de: ist eine Initiative von Eltern und wird von den Landesmedienanstalten getragen. Die Redaktion von flimmo bewertet Fernsehsendungen für Kinder, wobei bei der Bewertung die Kinderperspektive im Vordergrund steht. Online stehen die Beschreibungen der aktuellen Fernsehsendungen für Kinder zur Verfügung. Per Newsletter wird man über Neuigkeiten informiert.

www.fragfinn.de: Suchmaschine speziell für Kinder

www.seitenstark.de: ist ein Zusammenschluss deutschsprachiger Kinderseiten im Internet und will „Sprachrohr der unabhängigen Kinderseiten sein".

www.primolo.de: ist ein Projekt von Lehrer online (www.lo-net.de) für die Grundschule. Mit dem Werkzeug können Grundschulkinder eigene Webseiten erstellen und mit den Lehrkräften im Internet veröffentlichen.

www.xundco.de: Hinter dem Angebot steht die Aktion Mensch in Kooperation mit dem ZDF tivi-Infomagazin PuR. Mit dem Angebot sollen Acht- bis 13-Jährige angesprochen werden. Die Grundidee ist, den Kindern eine „Agentenwelt“ anzubieten und sie mit der „Welt des Sozialen“ zu verbinden. Die Kinder sollen mit ihren Freunden Teams gründen und Aufträge erfüllen.

Jugend

www.sowieso.de: legt sehr viel Wert auf Information. Die Struktur ist intuitiv und einfach. Im Vergleich zu den klassischen Kinderseiten ist „sowieso“ eher spartanisch gehalten. Seit dem 15. Januar 1998 ist „sowieso“ online und wird mittlerweile in über 60 Ländern der Welt gelesen. „Sowieso“ berichtet aktuell und lebendig über Politik und Gesellschaft, über Kultur und Sport, und zwar so, dass Kinder und Jugendliche es verstehen. Die Besucher können auch selbst aktiv werden. Sie können ihre eigene Meinung zu den aktuellen Themen loswerden in Chats und Diskussionen. E-Mail-Freundschaften können geknüpft werden, auch gibt es ein Quiz für schlaue Köpfe. Um regelmäßig auf dem Laufenden zu bleiben, bietet „sowieso“ einen Newsletter an. „Sowieso“ gehört mit seinen vielfältigen Angeboten zu den besten im Internet.

www.young-industries.de: Jugendliche können sich über Zukunftschancen für Job und Studium informieren. Betreut wird die Internetseite von der Industrie- und Handelskammer in Köln. Die Seite informiert über Ausbildungsberufe und Karrieremöglichkeiten. Ziel der Anbieter ist es, Jugendliche auf den Einstieg in das Berufsleben vorzubereiten.

www.netzcheckers.de: wird vom Bundesministerium für Familie, Senioren, Frauen und Jugend gefördert und ist ein

Portal von und für Jugendliche. Mitmachen und Sich-Einbringen wird hier ganz groß geschrieben. Die Jugendlichen können das inhaltliche Angebot von Netzcheckers mitbestimmen. Die Themenpalette ist breit gefächert (Lifestyle, Sport, Geld, Liebe ...).

www.checked4you.de: ist das Online-Jugendmagazin der Verbraucherzentrale NRW.

www.dji.de/www-kinderseiten: ist die Internetseite des Deutschen Jugendinstituts mit Sitz in München. Auf der Seite gibt es viele Bewertungen von Websites für Kinder, Jugendliche und Eltern. Außerdem gibt es dort viele Fachartikel zum Thema Kinder im Internet sowie eine ausführliche und gut kommentierte Literaturliste.

www.jugendserver.de: ein Portal der freien Jugendarbeit und Jugendhilfe. Interessant ist, dass Personen oder Institutionen, die sich mit Jugendhilfe auseinandersetzen, bei der Erstellung der Inhalte mitwirken können. Das Ergebnis lässt sich sehen. So gibt es viele Themen, Termine und Links. Gut sind auch die Hinweise zur Jugendkultur zum interkulturellen Lernen. Auch ist die Webseite in mehreren Sprachen verfügbar, neben Englisch auch in Türkisch.

www.san-ev.de: Aktion von Schulen ans Netz e.V. Sie ist als Portalseite angelegt und bündelt verschiedene pädagogische Angebote, verweist z.B. auf www.leanet.de.

www.lizzynet.de: ist eine Community für Mädchen und Frauen. Das Projekt wird aus Forschungsmitteln des Bundesministeriums für Bildung und Forschung und des Europäischen Sozialfonds finanziert. Es ist nicht kommerziell und wird redaktionell begleitet.

Jugendschutz

www.fsf.de: geht auf die Initiative der freiwilligen Selbstkontrolle Fernsehen zurück. Neben der ausführlichen Selbstdarstellung werden Prüfverfahren und Filmfreigaben vorgestellt. Außerdem gibt es Hintergrundinformationen durch die Onlineartikel aus der Zeitschrift tv-diskurs und viele medienpädagogische Materialien.

www.fsk.de: geht auf die Initiative der Freiwilligen Selbstkontrolle der Filmwirtschaft (FSK) zurück. Die FSK vergibt die Altersfreigaben für Kino und Videofilme, die eingesehen werden können.

www.jugendschutz.net: hat den Auftrag, die Angebote der Telemedien zu überprüfen. Während jugendschutz.net ursprünglich nur für die Kontrolle von Mediendiensten zuständig war (Angebote, die sich an die Öffentlichkeit richten), wurde das Tätigkeitsfeld auf interaktive und kommunikative Angebote erweitert, die bisher den Telediensten (z. B. Chat, Instant Messaging, File-Sharing) zugerechnet wurden und die eine besondere Anziehungskraft auf Jugendliche ausüben. Bei Verstößen gegen Bestimmungen des Jugendmedienschutz-Staatsvertrages (JMStV) soll jugendschutz.net den Anbieter hierauf hinweisen und die anerkannten Einrichtungen der Freiwilligen Selbstkontrolle und die Kommission für Jugendmedienschutz (KJM) informieren.

jugendschutz.net nimmt Aufgaben der Beratung und Schulung bei Telemedien wahr und informiert über jugendschutzrelevante Entwicklungen und Probleme in Internet-Diensten. So wurde von jugendschutz.net eine Chat-Broschüre und das Projekt klicksafe.de entwickelt. Die Broschüre kann als pdf-Datei von jugendschutz.net heruntergeladen werden. „Chatten ohne Risiko" richtet sich an Erwachsene.

www.bundespruefstelle.de: ist dem Bundesministerium für Familien, Senioren, Frauen und Jugend zugeordnet. Zu den Aufgaben gehören die Prüfung von jugendgefährdenden Medien, Förderung einer wertorientierten Medienerziehung sowie die Sensibilisierung der Öffentlichkeit für Probleme des Jugendmedienschutzes. Die Behörde indiziert jugendgefährdende Medien, die Kindern und Jugendlichen nicht mehr zugänglich gemacht werden dürfen. Neben Informationen zum Indizierungsverfahren werden die gesetzlichen Grundlagen zum Jugendmedienschutz dargestellt.

www.fsm.de: die Freiwillige Selbstkontrolle Multimedia-Diensteanbieter (FSM) ist die Selbstverpflichtung der Online-Wirtschaft. Sie kümmert sich zunächst um die Einhaltung des Jugendschutzes, ein Online-Beschwerdeformular gibt es auf der Webseite.

www.internet-beschwerdestelle.de: die Beschwerdestelle der fsm (Freiwillige Selbstkontrolle Multimedia-Diensteanbieter e. V.) und dem eco-Verband der deutschen Internetwirtschaft e. V. (www.eco.de). Dort können illegale und schädigende Inhalte im Internet in einem Beschwerdeformular eingetragen werden.

www.ajs.nrw.de: Die Arbeitsgemeinschaft Kinder und Jugendschutz Landesstelle Nordrhein-Westfalen e. V. steht hinter diesem Angebot und gibt Hinweise zum Jugendschutz.

www.alm.de: Auf der Webseite der Arbeitsgemeinschaft aller Landesmedienanstalten finden Sie Links zu den Landesmedienanstalten, deren Aufgabe es ist, Ansprechpartner für Beschwerden zu Sendungen der privaten Hörfunk- und Fernsehveranstalter zu sein.

Beratung

www.bke-sorgenchat.de: ist ein Angebot der Bundeskonferenz für Erziehungsberatung e. V. Jugendliche erhalten E-Mail-Beratung, Beratung im Einzelchat und können den Austausch mit anderen Jugendlichen suchen.

www.schueler-notruf.de: bietet Hilfen zu Sucht, Angst, Mobbing, Depression, sexuelle Belästigung. Die Hilfesuchenden bleiben anonym und werden durch Fachkräfte beraten. Neben den Beratungsangeboten bietet die Homepage auch Adressen von Beratungsstellen vor Ort.

www.schulpsychologie.de/start/adressen.htm: bietet ein Anschriftenverzeichnis der schulpsychologischen Beratungsstellen.

www.drugcom.de: ist eine Webseite der Bundeszentrale für gesundheitliche Aufklärung und bietet Jugendlichen eine Vielzahl von Informationen zu den Themen Alkohol, Nikotin, Drogen. Im Bereich „help" gibt es eine anonyme E-Mail-Beratung. Ziel des Projektes ist unter anderem, eine selbstkritische Auseinandersetzung mit dem eigenen Konsumverhalten anzuregen.

www.das-beratungsnetz.de: ist eine zentrale Plattform für Einrichtungen. Angeboten werden kostenfreie E-Mail-

Beratung, Einzelchat, moderierte Gruppenchats und Themenchats.

www.youngavenue.de: ist ein Angebot der Kinderschutz-Zentren in Deutschland.

www.kids-hotline.de: wurde 1999 von Studierenden der Kath. Stiftungsfachhochschule München, Abt. Benediktbeuren, gestartet. Es war eines der ersten Versuche, Onlineberatung im Internet anzubieten. In den Jahren ist das Beratungsangebot stark gewachsen. Schwerpunkte sind die Themen Pubertät, Freundschaft und Partnerschaft. Das Angebot wird von einem 20-köpfigen Fachteam aus Theologen, Medizinern und Juristen betreut.

www.beratung-caritas.de: Beratungsportal des Deutschen Caritasverbandes zu Schwangerschaft, Eltern- und Jugendberatung, Suchtberatung, allgemeine Sozialberatung.

www.onlinesucht.de: Die Seite bietet Hilfe zur Selbsthilfe bei Onlinesucht. Neben einem Forum und vielen Informationen zum Thema gibt es einen kurzen Ratgeber für Eltern, der kostenlos heruntergeladen werden kann.

Glossar

Blog/Weblog: (Log = englisch: Tagebuch) ist die Bezeichnung für ein Tagebuch im Internet. Einträge werden nach Datum angeordnet, der aktuellste steht immer oben. Häufig sind Blogs persönliche Seiten. Die Nutzer stellen ihre Meinungen und Positionen dar.

Bluetooth: ist eine Funktechnologie zur Verbindung zwischen zwei Geräten. Damit ist es möglich, Daten über eine Strecke von bis zu 10, 50 oder 100 Metern zu übertragen. Die Übertragung ist kostenlos. Die meisten Handys können mittels Bluetooth 10 Meter senden.

Browser: deutsch der „Blätterer". Gemeint ist eine Software zum Auffinden und Lesen von Daten und Dokumenten, wie z. B. die WWW-Browser fürs Internet. Auch Dateimanager zur Übersicht/Ansicht von lokalen Dateien (z. B. auf der Festplatte) werden zur Gruppe der Browser gezählt.

Chat: Engl. für „plaudern". Online-Nutzer können sich im Chat per Tastatur mit anderen Teilnehmern unterhalten.

Computerspiele: Der Begriff kommt von englisch game. Damit sind interaktive Programme gemeint, die von ein oder mehreren Personen gespielt werden können. Die ersten Computerspiele waren Telespiele, die am Fernseher gespielt wurden. Der Markt der Computerspiele ist sehr groß. Klassifiziert werden Computerspiele nach verschiedenen Genres (z. B. Simulation, Abenteuer, Sportspiele ...).

Content-Management-System (CMS): ist ein Programm, das die gemeinschaftliche Erstellung und Bearbeitung des Inhalts von Text- und Multimedia-Dokumenten (Content) ermöglicht und organisiert. Ein Web-Content-Management-System ermöglicht es beispielsweise Anwendern, auch ohne Programmier- oder HTML-Kenntnisse Inhalte für eine Website im Internet zu erstellen. Bekannte CMS-Systeme sind Joomla (www.joomlaos.de) und Typo3 (www.typo3.de).

Cyberbullying oder Bullying: kommt aus dem Englischen und meint tyrannisieren oder schikanieren. Die Opfer werden provoziert, geschlagen, verspottet, ausgegrenzt oder erpresst. Unter Jugendlichen sind vermehrt solche Formen aufgetaucht. Von E-Bullying spricht man, wenn die Opfer durch E-Mail oder Instant Messanger tyrannisiert werden.

Download: meint das Herunterladen von Daten auf einen Computer und ist das Gegenteil von Upload, bei dem z.B. eine elektronische Datei von einem Computer in das Internet eingestellt wird.

Duales Rundfunksystem: Grundlage für das Duale Rundfunksystem ist der Rundfunkstaatsvertrag, der unter anderem die Finanzierung der Rundfunkanstalten regelt.

DVB-T: Mit diesem technischen Standard kann digitales Fernsehen oder Radio über Antenne empfangen werden. Ein Empfangsgerät und eine Antenne sind dazu notwendig. Immer häufiger wird DVB-T in Laptops oder Computern eingebaut. DVB-T kann mobil empfangen werden.

DSL: Die Buchstaben stehen für Digital Subscriber Line, eine Zugangstechnik, bei der über ein Zweidrahtkupferkabel Daten in hoher Geschwindigkeit übertragen werden und ein schnelles Aufrufen von Internetseiten möglich macht.

E-Book: ist ein elektronisches Buch, mit dem Inhalte auf einem Bildschirm analog dem Medium Buch nachgebildet werden.

Elektromagnetische Wellen: Alle Mobiltelefone senden elektromagnetische Wellen. Sie sind unsichtbar und bewegen sich mit Lichtgeschwindigkeit.

E-Learning: bezeichnet das Lernen mit elektronischen Hilfsmitteln, sollte ursprünglich den Präsenzunterricht ganz oder teilweise überflüssig machen und wurde durch Blended-Learning-Ansätze (Präsenzphasen wechseln sich mit Onlinephasen ab) erweitert. Die Rolle der Dozenten (Lehrer) verändert sich zum Moderator und Lernhelfer.

E-Mail: Elektronische Post ist der am meisten genutzte Internet-Dienst. E-Mail erlaubt die Übermittlung von Nachrichten und Dateien an eine beliebige Anzahl von Empfängern. Es können Verteiler aufgebaut werden, an die ein Schriftstück versandt wird. Per E-Mail lassen sich Grafiken, Programme und Dateien übermitteln.

Emoticon: ein Kunstwort aus den englischen Begriffen „emotion" und „icon". Unter Online-Nutzern gebräuchliches Symbol, das meist aus drei oder vier Zeichen besteht und den Gefühlszustand eines Online-Teilnehmers andeuten soll.

Firewall: Als „Brandmauer" soll es den Computer oder das Netzwerk vor Angriffen von außen schützen. Im Handel kann man sie als Gerät oder Software erwerben. Das Prinzip der Firewall liegt darin, dass Daten nur dann durchgelassen werden, wenn sie bestimmte Regeln befolgen. Die Regeln werden im Vorfeld durch den „Administrator" (in privaten Haushalten meistens der Besitzer) festgelegt.

Flickr: Die bekannteste Foto-Community im Internet wurde von einer kanadischen Firma gegründet. Die Nutzer können Bilder hochladen, speichern und sie Freunden zeigen. Inzwischen lassen sich auch Bilder vom Fotohandy bei Flickr speichern (Moblogging).

FSK (Freiwillig Selbstkontrolle der Filmwirtschaft): eine Einrichtung der Spitzenorganisation der Filmwirtschaft, sie kooperiert mit den Landesbehörden und ist unter anderem für die Freigabe von Filmen und Videos für Kinder und Jugendliche zuständig.

FSF: Freiwillige Selbstkontrolle Fernsehen: prüft im Hinblick auf Jugendschutzbestimmungen Sendungen, die im Fernsehen ausgestrahlt werden sollen.

FSM: Freiwillige Selbstkontrolle Multimedia-Diensteanbieter e.V.: Der eingetragene Verein wurde von Medienverbänden, Unternehmen und der Wirtschaft gegründet und bemüht sich um den Jugendmedienschutz. Für Beschwerden gibt es ein entsprechendes Formular. Beratungsangebote gibt es ebenfalls.

Gewalt: meint die Ausübung von körperlicher, sprachlicher oder psychischer Gewalt auf ein Opfer, um Macht auszuüben.

Handy: bezeichnet in der Umgangssprache ein Mobiltelefon, mit dem ortsunabhängig telefoniert werden kann. Moderne Handys verfügen über viele Funktionen (z. B. Senden und Empfangen von SMS).

Happy Slapping: wird meistens mit „fröhliches Schlagen“ übersetzt und meint Prügeleien, die mit dem Handy gefilmt werden, um sie anschließend in das Internet einzustellen, von wo die Filme heruntergeladen werden können.

Hördauer: ein Fachbegriff aus der Medienforschung, der die durchschnittliche Zeit angibt, welche die jeweils befragten Personen in einem bestimmten Zeitintervall Radio gehört haben. Die Hördauer bezieht als Durchschnittswert auch jene Befragten ein, die zum befragten Zeitpunkt ihr Radio gar nicht eingeschaltet hatten.

Homepage: meint die zentrale Informationsseite für Internetseiten. Häufig wird der Ausgangspunkt für den Zugriff auf eine Webseite oder einen Teil einer Website als Homepage bezeichnet.

Instant Messanger: „echt-Zeit“ – Kommunikation zwischen zwei oder mehr Personen durch am Computer geschriebenen Text. Eine der bekanntesten Instant Messanger ist „ICQ“.

Interaktives Fernsehen: bezeichnet die Möglichkeit des Einzelnen, Daten, Bilder, Töne, Texte und Grafiken zeitunabhängig zu empfangen und mit Hilfe technischer Mittel, z. B. der Fernbedienung, darauf zu reagieren.

Interaktiv: wörtlich „aufeinander einwirkend, wechselwirkend“, bietet dem Teilnehmer die Möglichkeit, auf den Ablauf einer Darbietung/Software einzuwirken. Teleshopping oder Video on Demand sind Beispiele für die Interaktivität.

Internet: verbindet mit seinem Übertragungsstandard TCP/IP Rechenzentren, ganze Datennetze und einzelne Computer weltweit. Es gibt nicht den Betreiber des Internets, sondern einzelne Provider (Anbieter), die den Zugang zum Internet verkaufen. Die am meisten genutzten Internet-Dienste sind: E-Mail, Filetransfer (FTP) sowie das WorldWideWeb (WWW).

iPod: ist ein tragbarer MP3-Player des Computerherstellers Apple und hat bereits kurz nach seiner Einführung Kultstatus erreicht. Die Musikdaten können mittels der kostenlosen Software iTunes (ebenfalls von Apple) auf dem Mac oder PC archiviert und verwaltet werden.

Jugendmedienschutz: Im Jugendmedienschutzgesetz ist festgelegt, wie Jugendliche vor den schädigenden Einflüssen von Medien geschützt werden können. Darin ist beispielsweise geregelt, dass Filme und Computerspiele eine Altersfreigabe erhalten.

Medienerziehung: Als Teilbereich der Erziehung beginnt sie schon bei den jüngsten Kindern. Medienerziehung regt das Lernen mit Medien an und hat das Ziel, den selbstständigen, kompetenten und verantwortlichen Umgang mit Medien zu vermitteln.

Medienkompetenz: Einer der bekanntesten Ansätze zur Medienkompetenz stammt von Dieter Baacke (Medienkunde, Medienkritik, Mediennutzung, Mediengestaltung). Mittlerweile gibt es weitere Definitionsversuche. Auffallend ist, dass Medienkompetenz seit Jahren in bildungspolitischen Kontexten verwendet wird und eher zu einer „Verwischung" des Begriffs beigetragen hat. Für die Vermittlung von Medienkompetenzen gibt es keine eindeutigen Konzepte. Am ehesten finden sich Ansätze in der schulischen und außerschulischen Bildung.

Medienpädagogik: setzt am steigenden Angebot von neuen Medien an, die nicht nur produziert, sondern auch genutzt werden. Entsprechend dem vielfältigen Angebot an Medien sind die Tätigkeitsfelder der Medienpädagogik umfangreich. Kennzeichen der Medienpädagogik ist die medienpraktische Arbeit mit Kindern und Jugendlichen. Zahlreiche Einrichtungen und Initiativen stellen hierfür neben der technischen Infrastruktur auch personelle Unterstützung und Beratung zur Verfügung.

Mediensozialisation: Medien sind in Familie, Schule und Freizeit präsent. Mit zunehmendem Alter nutzen Kinder immer mehr Medien, zu Radio und Fernsehen kommen Computer und Handy hinzu. Welche Rolle die Medien im Laufe der Kindheit übernehmen, klärt die Mediensozialisation.

Medienwirkungen: Dahinter steckt die Frage, wie Medien auf Kinder und Erwachsene wirken. Wissenschaftlich beschäftigt sich die Medienwirkungsforschung mit dieser Frage.

Mobbing: meint häufig eine Konfliktsituation am Arbeitsplatz, wobei die angegriffene Person unterlegen ist. Häufig sind es mehrere Personen, die eine andere Person direkt oder indirekt über einen längeren Zeitraum angreifen, um die Person beispielsweise auszugrenzen.

Multimedia: ist ein unspezifisches „Schlagwort" und wird von Fachleuten meistens mit **Integration, Interaktivität** und **Vernetzung** in Verbindung gebracht. Es gibt keine Einheitlichkeit bei den Fachleuten, ob alle drei zutreffen müssen.

Multimediales Lernen: zeichnet sich dadurch aus, dass mit verschiedenen Medien unterrichtet wird, um die Lerninhalte in Wort, Bild, Ton und Video dem Lernenden auf möglichst vielen verschiedenen „Kanälen" zu präsentieren.

MPEG: 1987 wurde das Format zur Datenreduktion in Deutschland entwickelt. Damit können Audiodaten komprimiert werden. Die Töne, die das menschliche Ohr nicht hören kann, werden einfach weggerechnet. Nach MPEG 1 (1993) und MPEG 2 (1994/95) wurde 1998 MPEG 4 als Verbesserung der Video-Kompression eingeführt.

Netiquette: Das Wort setzt sich aus Net (englisch Netz) und Etiquette (Etikette) zusammen und bezeichnet angemessene Umgangsformen im Internet. Auch wenn es keine festgeschriebenen Regeln und Verhaltensweisen der Netiquette gibt, werden die Empfehlungen von vielen akzeptiert.

Open Source: Die dahinterliegende Idee ist, dass Software frei zugänglich ist und alle an der Weiterentwicklung von Programmen mitarbeiten können. Damit das möglich ist, muss der Programmcode frei zugänglich sein. Auch sind die Nutzungsrechte frei zugänglich, Open-Source-Produkte sind kostenlos (z.B. der Webbrowser Firefox).

Phishing: ist der betrügerische Versuch, mittels E-Mail und Internet Kontodaten und Passwörter zu ergaunern. Ganz oft werden dazu E-Mails verschickt, in denen der Empfänger aufgefordert wird, im Internet seine Kontodaten oder Passwörter erneut einzutragen.

Podcast: Der Begriff setzt sich aus Pod (iPod) und Broadcast (englisch Rundfunk) zusammen. Nicht nur Radiosender bieten Podcasts auf ihren Internetseiten an. Die Podcasts werden in der Regel als MP3-Dateien im Internet zur Verfügung gestellt und können über die MP3-Player unterwegs oder zu Hause abgespielt werden. Podcasts können auch abonniert werden.

Premium-SMS: Mittels SMS können damit Dienste bestellt werden. Die Premium-SMS wird über die Handy-Rechnung bezahlt und oft bei der Bestellung von Klingeltönen und Flirtlines benutzt.

Rundfunk: ist ein Sammelbegriff für die Massenmedien Fernsehen und Hörfunk.

Sehdauer: gibt an, wie lange Personen während eines bestimmten Zeitintervalls im Durchschnitt ferngesehen haben.

Soziale Netzwerke: sind umgangssprachlich Gemeinschaften im Internet. Technisch werden sie durch Web 2.0-Anwendungen (Forum, Chat ...) umgesetzt. Bekannte soziale Netzwerke sind Facebook oder SchülerVZ.

Spam: sind E-Mails mit Werbebotschaften, die ohne Zustimmung des Empfängers versendet werden, und fluten in viele E-Mail-Postfächer. Spam-Mails (auch Junk-Mails) werden millionenfach verschickt und machen etwa 90 Prozent des gesamten E-Mail-Verkehrs aus und sind eine echte Plage. Ohne Filtersoftware kann man den Spams nicht Herr werden.

Streaming: Bei dieser Form der Datenübertragung geschieht das Abspielen von Multimedia-Inhalten in Echtzeit und schon während des Downloads. Die Daten werden nicht in einer Datei zwischengespeichert.

Trojaner: Der Begriff leitet sich vom trojanischen Pferd ab. Auf den ersten Blick erscheint ein Trojaner im Internet als ein nützliches Programm. Wird es heruntergeladen und installiert, entpuppt es sich als Schädling und führt bestimmte Aktionen aus. Trojaner spionieren den Computer nach Passwörtern aus und beobachten das Internetverhalten. Im Unterschied zu Viren verbreiten sich Trojaner nicht selbstständig.

Urheberrecht: Bücher, Filme, und Musikstücke sind urheberrechtlich geschützt. Der Urheber hat das Recht am Werk, kann die Nutzungsrechte an andere abtreten. Es gibt viele Verstöße gegen das Urheberrecht, wenn Filme illegal kopiert oder Musikstücke vervielfältigt werden.

Virtuelle Welten: sind keine echten Welten, sondern nur scheinbar vorhanden. Es sind von Menschen entwickelte künstliche Welten. Weil die Computerleistungen immer höher werden, erscheinen sie der echten Welt immer ähnlicher.

Video-on-Demand (VoD): Darüber kann der Zuschauer eine Sendung zu einem beliebigen Zeitpunkt per Fernbedienung gegen Gebühr bestellen. Der Film kann unterbrochen, vor- und zurückgespult werden. Derzeit wird VoD weltweit in Feldversuchen getestet.

Viren: brauchen einen „Wirt" in Form eines Programms oder Betriebssystems, um sich zu verbreiten. Gelingt das dem Virus, verändert er die Programme. Einige Viren führen zu Computerabstürzen, andere kappen Internetverbindungen oder löschen Daten. Um sich zu schützen, gibt es Antivirenprogramme.

VoIP: Voice over IP bezeichnet die Technik der Internet-Telefonie. Der Vorteil dieser Technik ist, dass Telefongespräche kostenlos oder extrem günstig über das Internet geführt werden können.

Webseite: Bezeichnung für ein Internet-Angebot. Websites können nahezu alle Arten von Medien bzw. Darstellungsformen enthalten (Texte, Bilder, Videos und Töne).

Web 2.0: steht für ein verändertes Nutzungsverhalten der Internetnutzer und korrespondiert mit Anwendungen wie Weblogs, Wikis und Podcasts. Der Nutzer betrachtet nicht mehr nur Internetseiten, sondern kann eigene Inhalte einstellen.

Weblog: (s. a. Blog) ein Tagebuch im Internet, in das der Herausgeber, auch Blogger genannt, eigene Texte veröffentlicht.

Wikis: (von wikiwiki, hawaiianisch für schnell) sind veränderbare Internetseiten. Das bekannteste Wiki im Internet ist die Onlineenzyklopädie „Wikipedia". Das Prinzip eines Wikis besteht darin, dass jeder Artikel schreiben und verändern kann. Üblicherweise sind die Seiten und Artikel mit Links verbunden.

Ausgewählte Literatur

Ich habe zugunsten der Lesbarkeit auf wissenschaftliche Anmerkungen verzichtet. Ohne die Anregungen, die ich vielen Publikationen verdanke, wären manche Interpretationen und Deutungen mit Blick auf die Mediennutzung, Medienwirkungen und medienpädagogisches Handeln nicht möglich gewesen.

Die nachfolgenden Literaturhinweise sollen die im Buch angerissenen Gedankengänge vertiefen.

Barthelmes, Jürgen: Funktionen von Medien im Prozess des Heranwachsens. Ergebnisse einer Längsschnittuntersuchung bei Dreizehn- bis 20-Jährigen. In: Media Perspektiven Heft 2. Hrsg. v. Dr. Helmut Reitze, Intendant des Hessischen Rundfunks in Zusammenarbeit mit der ARD-Werbung, Frankfurt 2001. S. 84–89.

Beck, Ulrich: Risikogesellschaft. Auf dem Weg in eine andere Moderne. Frankfurt a. M. 1986.

Bergmann, Wolfgang/Hüther, Gerald: Computersüchtig – Kinder im Sog der modernen Medien, 5. Aufl. 2006.

Dittler, Ulrich/Hoyer, Michael (Hrsg.): Machen Computer Kinder dumm? München 2006.

Gieseke, Hermann: Das Ende der Erziehung. Stuttgart 1985.

Grimm, Petra/Rhein, Stefanie (unter Mitarbeit von Elisabeth Clausen-Muradian): Slapping, Bullying, Snuffing! Zur Problematik von gewalthaltigen und pornografischen Videoclips auf Mobiltelefonen, Berlin 2007.

JIM 2007: Jugend, Information, (Multi-)Media, Basisstudie zum Medienumgang Zwölf- bis 19-Jähriger in Deutschland, Hrsg. vom Medienpädagogischen Forschungsverband Südwest, Stuttgart 2007.

Karl-Kardinal-Lehmann-Dokumentation: Nachdenken über Gewalt in den Medien, „Ansprache zur Verleihung des Katholischen Medienpreises“, in: Communicatio Sociales. Hrsg. v. Walter Hömberg, Michael Schmolke und Ute Stenert 40. Jg., 2007, Heft 4, Seite 413 ff.

KIM-Studie 2006: Kinder und Medien – Computer und Internet, Basisuntersuchung zum Medienumgang Sechs- bis 13-Jähriger in Deutschland, Hrsg. vom Medienpädagogischen Forschungsverband Südwest, Stuttgart 2007.

Kleber, Hubert (Hrsg.): Perspektiven der Medienpädagogik in Wissenschaft und Bildungspraxis. München 2005.

Lauffer, Jürgen/Röllecke, Renate (Hg.): Mediale Sozialisation und Bildung. Methoden und Konzepte medienpädagogischer Projekte. Handbuch 2. Bielefeld 2007.

Lauffer, Jürgen/Röllecke, Renate (Hg.): Berühmt im Netz? Neue Wege in der Jugendhilfe mit Web 2.0. Bielefeld 2008.

Meier, Klaus: Crossmedia-Konsequenzen für den Journalismus, in: Communicatio Sociales. Hrsg. v. Walter Hömberg, Michael Schmolke und Ute Stenert. 40. Jg., 2007, Heft 4, Seite 350 ff.

Moser, Heinz: Einführung in die Medienpädagogik. Wiesbaden 2006.

Neider, Andreas: Medienbalance. Stuttgart 2008.

Pornographie und neue Medien: Eine Studie zum Umgang Jugendlicher mit sexuellen Inhalten im Internet. pro familia. Deutsche Gesellschaft für Familienplanung und Sexualberatung e. V., Internet: www.pro-familia.de

Postman, Neil: Wir amüsieren uns zu Tode. Frankfurt 1985.

Postman, Neil: Das Verschwinden der Kindheit. Frankfurt 1987.

Pöttinger, Ida/Ganguin Sonja (Hrsg.): Lost? Orientierung in Medienwelten. Bielefeld 2008.

Röll, Franz Josef: Pädagogik der Navigation. Selbstgesteuertes Lernen durch Neue Medien. München 2003.

Schulze, Gerhard: Die Erlebnisgesellschaft. Frankfurt 1992.

Shell Deutschland Holding (Hrsg.): Jugend 2006. Eine pragmatische Generation unter Druck. Fischer 2006.

Spitzer, Manfred: Vorsicht Bildschirm. Stuttgart 2005.

Theunert, Helga (Hrsg.): Bilderwelten im Kopf. München 2006.

von Hentig, Hartmut: Der technischen Zivilisation gewachsen bleiben. Wien 2002.

Weidemann, Dieter/Volkmer, Ingrid (Hrsg.): Schöne neue Medienwelten? Konzepte und Visionen für eine Medienpädagogik der Zukunft. Bielefeld 2006.

Weitere Titel in dieser Reihe:

LEONARDO BOFF, **Tugenden für eine bessere Welt**
352 Seiten, Format: 13 x 21 cm, gebunden mit Schutzumschlag
ISBN 978-3-7666-1285-4
In Gemeinschaft mit Publik-Forum Edition

HANNA-BARBARA GERL-FALKOVITZ, **Frau – Männin – Menschin**.
Zwischen Feminismus und Gender
288 Seiten, Format: 13 x 21 cm, gebunden mit Schutzumschlag
ISBN 978-3-7666-1313-4

HANS KESSLER, **Evolution und Schöpfung in neuer Sicht**
224 Seiten, Format: 13 x 21 cm, gebunden mit Schutzumschlag
ISBN 978-3-7666-1287-8

MARTIN LOHMANN, **Das Kreuz mit dem C**.
Wie christlich ist die Union?
202 Seiten, Format: 13 x 21 cm, gebunden mit Schutzumschlag
ISBN 978-3-7666-1242-7

HANS MAIER, **Mit Herz und Mund**. Gedanken zur Kirchenmusik
240 Seiten, Format: 13 x 21 cm, gebunden mit Schutzumschlag
ISBN 978-3-7666-1318-9

ECKHARD NORDHOFEN (HG.), **Tridentinische Messe – ein Streitfall**.
Reaktionen auf das Motu proprio „Summorum Pontificum“ Benedikts XVI.
144 Seiten, Format: 13 x 21 cm, gebunden mit Schutzumschlag
ISBN 978-3-7666-1305-9

ALOIS SCHIFFERLE, **Die Pius-Bruderschaft**
Informationen – Positionen – Perspektiven
400 Seiten, Format: 16,5 x 24,5 cm, gebunden mit Schutzumschlag
ISBN 978-3-7666-1281-6

HANS-RÜDIGER SCHWAB (HG.), **Eigensinn und Bindung**.
Katholische deutsche Intellektuelle im 20. Jahrhundert. 39 Porträts
816 Seiten, Format: 16,5 x 24,5 cm, gebunden mit Schutzumschlag
ISBN 978-3-7666-1315-8

REINER SÖRRIES, **Ruhe sanft**. Kulturgeschichte des Friedhofs
304 Seiten, Format: 13 x 21 cm, gebunden mit Schutzumschlag
ISBN 978-3-7666-1316-5